LA SCIENZA DELLA 1a PERSONA

I suoi Principi, la sua Pratica e il suo Potenziale

Douglas Harding

The Shollond Trust

London

Pubblicato da The Shollond Trust
87B Cazenove Road
Londra N16 6BB
Inghilterra

headexchange@gn.apc.org
www.headless.org

The Shollond Trust è una charity del Regno Unito reg. no 1059551

Pubblicato per la prima volta da Shollond Publications 1974
Pubblicato da Head Exchange Press 1997

Publicato da The Shollond Trust 2001, 2009, 2011, 2020

Tradotto da Ma Prem Shanti M.L. Costantini
Illustrato da Rangsgraphics.com

ISBN 978-1-914316-11-1

Dedicato affettuosamente a Richard Lang

*Dio ha creato i sensi in modo che
fossero rivolti verso l'esterno: per
questo un uomo guarda fuori, non
dentro se stesso. Di tanto in tanto
un'anima coraggiosa, desiderando l'immortalità, ha guardato indietro e
ha trovato se stessa.*
KATHA UPANISHAD

*La seconda e la terza persona non
appaiono tranne che alla prima persona.*
RAMANA MAHARSHI

*Per alienazione si intende un tipo di
esperienza in cui la persona esperimenta se
stessa come un alieno. Essa non esperimenta
se stessa come il centro del suo mondo...
La persona alienata non è in contatto con se
stessa poiché non è in contatto con nessun'altra
persona. Come gli altri, esperimenta se stessa
come vengono sperimentate le cose.*
ERICH FROMM

Il soggetto non è nel mondo.
WITTGENSTEIN

Indice

PROLOGO

Lo scopo di questo libro è di porre in un contesto moderno e occidentale privo di compromessi gli insegnamenti e gli obiettivi essenziali del percorso spirituale – detto Risveglio o Illuminazione o Liberazione. Il mio obiettivo è quello di mostrare quanto accuratamente questa antica saggezza, pre-scientifica collimi con lo scenario dominato dalla scienza contemporanea, una volta che questa saggezza è stata spogliata dai suoi abbellimenti tradizionali, dalle sue stranezze settarie e dal suo linguaggio religioso. Pur riconoscendo la validità e l'assoluta indispensabilità della nostra scienza moderna fin dove è arrivata finora, io sostengo che la saggezza antica va ben oltre, che è realmente più scientifica e più sensata di quanto possa esserlo la scienza, per quanto ne sappiamo, e che in effetti è il suo complemento pratico e teoretico. In altre parole, è mia intenzione sostenere che la scienza occidentale è solo metà della scienza reale (essendo l'altra metà la scienza del Soggetto o della 1a Persona) e che siamo nei guai perché noi la confondiamo con la totalità. Il nostro obiettivo è quello di iniziare a correggere questo errore e di presentare l'Illuminazione in una forma che possa avere un senso per la scienza mentale occidentale e possa essere messa subito in pratica.

Prima di tutto, allora, notiamo brevemente la procedura della scienza ordinaria (la scienza dell'osservato, o dell'oggetto o della 3a persona, insomma la SCIENZA-3). Poi compariamola con la procedura del suo complemento (la scienza dell'osservatore, del Soggetto o della 1a Persona, insomma la SCIENZA-1) e proseguiamo fornendo numerose illustrazioni di come, in dettaglio, la SCIENZA-1 rettifica e completa la SCIENZA-3, 37 per precisione.

LA SCIENZA-3 – LA SCIENZA DELL'OSSERVATO

La scienza, per come la conosciamo, ha a che vedere con la struttura e il comportamento dei fenomeni che formano l'universo. Il suo scopo è di scoprire precisamente che cosa succede ai veri livelli di osservazione, le connessioni orizzontali ad ogni livello, e le connessioni verticali tra i livelli.

Essa cerca di spiegare la configurazione dei fenomeni presenti in considerazione al loro passato, di predirne il futuro e indicare (dove fosse possibile) come potrebbero essere controllati e usati dall'uomo.

Lo straordinario successo di questa procedura della SCIENZA-3 è dovuta, per il passato, per la maggior parte, alla capacità dello scienziato di tenersi fuori dallo scenario. Ma in tal modo egli non dispone di se stesso. La maggior parte di ciò che fa è applicare la sua procedura oggettiva abituale a se stesso come Soggetto, e rendere se stesso un oggetto o 3a persona. Ma questo non significa essere candidi. E' pretendere di essere esattamente l'opposto di ciò che realmente è. Comunque non può evitare in nessun modo di essere la 1a Persona che chiede una sua propria scienza.

LA SCIENZA-1 LA SCIENZA DELL'OSSERVATORE

Questa scienza richiede ai suoi praticanti di fare esattamente quello che la SCIENZA-3 vieta – di rimettersi nella scena e prendere seriamente la propria soggettività. Ecco una procedura talmente rivoluzionaria, il cui argomento è così unico, i cui risultati così notevoli, da costituire un tipo di scienza completamente nuovo. C'è solo da aspettarselo. Lo stesso tipo di rapporto che c'è tra la 1a Persona e la 3a c'è anche tra le loro scienze una rispetto all'altra: in particolare, la SCIENZA-1 è il polo opposto della SCIENZA-3. Nonostante questo essa non contraddice nulla, non distrugge nulla. Invece conduce alle sue appropriate conclusioni l'immenso lavoro già fatto. Non è in nessun modo anti-scientifica; piuttosto è ultra-scientifica o meta-scientifica. E la sua procedura è semplicemente questa: girando la sua attenzione di 180° e vedendo se stesso così com'è rispetto a se stesso, lo SCIENZIATO-1 alla fine si trova nella posizione di rimuovere le anomalie di base della SCIENZA-3 e simultaneamente risolvere i sui stessi problemi fondamentali, i problemi della vita. [1]

Queste sono affermazioni azzardate. Seguiranno le prove a sostegno. Ma prima di andare avanti a leggere dovete qualificare voi stessi, visto che la Scienza della 1a Persona non avrà nessun significato finché non vedrete che cos'è la 1a Persona. [Editore: A questo punto, nell'edizione cartacea, Harding fa riferimento a un tunnel di carta costruito all'interno del libro, chiedendovi di aprirlo per fare appunto l'esperimento del tunnel. Poiché questo è un e-Book, avrete bisogno di costruire un tunnel, E' importante prendersi la briga di farlo, in modo che possiate fare l'esperimento. E' facile: per fare un tunnel, o tagliate un sacchetto di carta le cui estremità abbiano più o meno la dimensione di una faccia, o fate un tunnel utilizzando un grande foglio di carta e incollando insieme le estremità. Harding continua:]

Apritelo in questo modo:

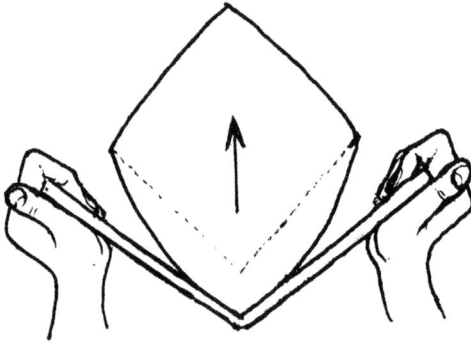

Infilate la vostra faccia da un lato e appoggiate l'altro lato contro lo specchio del vostro bagno. Quello che vedete oltre lo specchio dal lato lontano siete voi come 3a persona e quello che vedete proprio qui dal lavo vicino siete voi stessi come 1a Persona. *Potrebbero forse essere più diversi – la faccia là e lo Spazio qui che la sta accogliendo all'interno?*

Ritorniamo ora al nostro Prologo. Per ricordarvi del vostro stato di 1a Persona, mentre andate avanti a leggere, tutto quello che dovete fare è smetterla di ignorare la Vuota Consapevolezza che sta dalla vostra parte rispetto a questi segni neri su carta bianca e che essa accoglie all'interno. La mia richiesta di farlo è una richiesta ragionevole. Impegnarsi in una disciplina scientifica, rifiutandosi di effettuare qualsiasi test di laboratorio sul quale essa si basa, sarebbe inutile. Nel caso della SCIENZA-1 sarebbe probabilmente più male che bene.

Le citazioni dei mistici e dei maestri sono stampate a piè di pagina e non nel testo, allo scopo di enfatizzare il fatto che essi non fanno parte della presente argomentazione e non sono certamente citati come autoritari. Essi servono solamente per illustrare l'antichità e l'universalità della SCIENZA-1. Lo SCIENZIATO-1 testa le scritture attraverso l'esperienza, non l'esperienza attraverso le scritture.

1. WITTGENSTEIN dice questo della SCIENCE-3: *Noi riteniamo che anche quando abbiamo risposto a tutte le possibili questioni scientifiche, i problemi della vita rimangano completamente intatti.*

1: LA SCIENZA-1 INSISTE SULLA VERIFICA

Il segno distintivo di una scoperta scientifica è quello di essere capace di fare una verifica indipendente; non è fatta per essere creduta, persino la più eminente autorità lo dice, ma per essere messa in dubbio e testata. In pratica, tuttavia, tale verifica è raramente così facile ed esaustiva come dovrebbe essere, e quasi mai definitiva; di conseguenza molto di ciò che viene considerato come una conoscenza stabile della SCIENZA-3 è, in effetti, soggetta a riesame e revisione.

La SCIENZA-1 è persino più radicale nel suo appellarsi, in testa a tutte le autorità, a un'esperienza di prima mano; essa esiste per essere verificata e grazie alla verifica, non il contrario. Non ha nessun alloro sul quale riposare. Potrei non dirvi mai che cosa significa essere la 1a Persona laddove voi siete (io non sono nella posizione di farlo) ma solamente che cosa significa dove io sono – nel caso dovessero capitarvi sotto mano simili letture. Molto più di questo, io potrei persino non dirvi (o non dire neanche a me stesso) com'era essere la 1a Persona qui ieri, un'ora o un minuto fa. Non potrei fare affidamento nemmeno sulla mia stessa autorità! Questo perché se io sto vedendo che cosa c'è qui al Centro del mio mondo, e non lo sto puramente pensando, ciò non è connesso alla memoria, una scoperta ogni volta nuova di zecca. Posso verificare le mie scoperte passate, con il rigore che questa più che esatta SCIENZA-1 richiede, aggiornandole continuamente. In effetti, il passato è obsoleto, da escludere. La SCIENZA-1 è la scienza della 1a Persona singolare,

1

tempo presente, perché la vera 1a Persona è solo ora: la memoria e le anticipazioni dello stato di 1a persona si trasformano in un oggetto, nello stato di 3a persona. Invece la SCIENZA-3 si appoggia pesantemente sull'esperienza passata e prende per garantito gran parte del suo bagaglio di conoscenze in continua crescita.

Né può la SCIENZA-1 essere liquidata come una serie di esercizi di auto-soggettività, esperienze puramente private, privatamente verificabili e non soggetta ad alcuna verifica esterna e oggettiva. No: le sue scoperte sono pubblicamente verificabili tramite i metodi ordinari della SCIENZA-3. Non solo vi dico cosa c'è proprio qui, vale a dire una Non-cosa, ma lo faccio seguire da un invito a venire qui (preferibilmente armati degli adeguati strumenti) e scoprire di persona se sto dicendo la verità. Poi, se accettate il mio invito, non abbandonate il vostro punto di vista di me come un uomo, come una faccia, come un pezzo di pelle, come cellule, come molecole, come atomi, e così via, e alla fine arriverete in un posto dove non è rimasto praticamente niente di me – proprio come vi avevo detto? E' vero che non potete arrivare proprio dove sono io, ma che rimarrete (anche se ci siete arrivati molto vicino) un osservatore esterno, con il risultato di non svuotarmi interamente. Dovete lasciare a me l'ultimo passo; ma questa è l'ovvia conclusione di tutti i passi che avete percorso verso di me.[1]

1. LEWIS CARROL: NEL PAESE DELLE MERAVIGLIE: 'Penso che andrò da lei a conoscerla,' disse Alice…'Non puoi assolutamente farlo', disse la Rosa. 'Io ti consiglierei di andare dalla parte opposta.' Questa ad Alice sembrò un'assurdità, per cui non disse

niente, ma si diresse immediatamente verso la Regina Rossa. Con sua grande sorpresa, in un attimo la perse di vista.

IL CORANO: *Siete come un miraggio nel deserto, che l'uomo assetato pensa sia acqua; ma quando ci arriva là non trova nulla. E dove pensava che fosse, là trova Dio.*

2: LA SCIENZA-1 E' ULTRA ANALITICA

La SCIENZA-3 non segue le apparenze ma guarda dentro le cose. Le prende in considerazione pezzo per pezzo per scoprire di che cosa sono realmente fatte, che cosa le fa funzionare. Chiaramente le particelle o particelle onda, o i quark o i quark subatomici entro i quali il fisico ha (finora) determinato i corpi, non sono la fine; mentre niente rimane, neanche un'ombra, nasce la questione della composizione. Egli rimane ancora a una certa distanza dal suo materiale e in nessun modo entra nella cosa in se stessa, nel cuore della materia: ciò che sta sotto, qualunque cosa sia, rimane imperscrutabile come sempre.

Ma quando gira la direzione della sua attenzione ed esamina se stesso come 1a Persona, quando diventa il suo stesso unico campione di qualunque cosa sia, quando prende seriamente quell'insieme di particelle delle quali egli possiede informazioni interne e rispetto alle quali egli è la sola e ultima autorità, allora completa il suo lavoro di riduzione e osserva che in ultima analisi è assolutamente vuoto – benché consapevole di se stesso come vuoto: senza forma – benché ben informato sul soggetto: privo di qualità – e nonostante ciò , felicissimo di questo fatto. [1] *Egli vede che la Realtà al di là delle apparenze è una Non-cosa che vede se stessa come una non-cosa.* O piuttosto, egli vede che la Realtà 'al di là' delle apparenze è in effetti di fronte ad esse, che le accoglie dentro di sé e non è altro che lui stesso come 1a Persona…L'esperimento del tunnel che avete appena fatto rende tutto questo perfettamente chiaro

1. IL SEGRETO DEL FIORE D'ORO: *Se un uomo vuole essere certo del suo corpo, non può arrivarci...In questo tipo di vedere, si vede solo che qui non c'è nessuna forma*

IL SUTRA DEL CUORE: *Qui la forma è vuoto.*

TAULER: *elimina la tua forma.*

3: LA SCIENZA-1 E' ULTRA-SINTETICA

Ma l'analisi è solamene la parte discendente della scala scientifica. Anche la direzione opposta che è la sintesi, la scoperta e lo studio di sempre maggiori 'forme' e 'unità ecologiche', e alla fine una completa serie di unità organiche e inorganiche e super-organiche (recise da quelle loro parti o organi o funzioni che rimangono più o meno inspiegabili) diventa una funzione rispettabile e importante della SCIENZA-3. (Per esempio, il clima, il suolo, la flora e la fauna di una foresta tropicale si scoprono essere talmente interdipendenti da poter essere compresi solo come un tutto super-biologico, proprio come – a un livello inferiore – le foglie, i rami e le radici di uno dei suoi alberi possono essere compresi solo come un tutto biologico. Infatti è il marchio di un tutto reale che fa sfoggio di qualità e funzioni che non si possono trovare nelle sue parti. Ogni nuovo livello mostra i suoi unici, imprevedibili 'emergenti.')

Questo indispensabile lavoro di mettere-le-cose-nuovamente-insieme fallisce ben presto l'obiettivo (che consiste nella scoperta solo del vero Tutto totalmente inclusivo) finché lo scienziato si rifiuterà di includerci dentro se stesso. Come potrebbe trovare questa unità se egli si pone come una cosa che osserva mettendosi in una posizione di superiorità contro la totalità delle cose osservate, dividendo quindi l'Uno in due? Alla fine, tuttavia, quando vede che questa cosa che osserva è una Non-cosa, nient'altro che la Terra o il vuoto Contenitore di tutte le cose che stanno a confronto con esso, esse ora sono *tutte là;* egli le vede come un unico riempimento, come un

Universo, non importa quanto reciprocamente incongrue possano sembrare senza di lui. Sparendo come un oggetto che sta di fronte a una serie di oggetti, lo SCIENZIATO-1 riappare come il solitario soggetto che tiene insieme tutti gli oggetti in perfetta sintesi.[1] La 1a Persona diventa veramente Nulla, restituendo ogni cosa al Tutto, che quindi diventa veramente Tutto, dato che ora la sua parte vitale mancante e stata ristabilita.

Questo richiede sperimentazione. Lasciate che prima di tutto io veda Quello che sono, poi come questo unifica le cose, infine qual è la 'qualità emergente' della sintesi.

1. ECKHART: *Finché sono questo o quello, non sono tutte le cose*
RAMANA MAHARSHI: *Il problema nasce quando uno dice, 'Io sono questo o quello.' Siate voi stessi, questo è tutto.*

4: LA SCIENZA-1 E' MATEMATICAMENTE PRECISA

Fintanto che i naturalisti si accontentarono di compilare cataloghi illustrati della Natura rimasero dei collezionisti piuttosto che degli scienziati. Infatti il progresso della SCIENZA-3 è in gran parte consistito nello sviluppo delle sue strumentazioni, nella graduale sostituzione dei primitivi smussati strumenti di descrizione verbale con quelli matematici, taglienti come rasoi. Nonostante ciò, ci sono vaste aree di studio (in particolare nelle scienze della vita) i cui strumenti linguistici sono ancora largamente aneddotici e descrittivi e in nessuna area il linguaggio astratto della matematica si prende cura totalmente dei fenomeni concreti. La matematica della SCIENZA-3 – la scienza dell'osservato – è sempre vincolata al fatto di non essere all'altezza del suo stesso ideale di precisione e applicabilità.

Non è così per la matematica della SCIENZA-1, la scienza dell'osservatore. Prendete in considerazione enumerazione e conteggio. Ci sono tre metodi – quello infantile, quello dell'adulto e quello simile a quello del bambino. (a) Il bambino piccolo in una stanza con, diciamo, 4 persone, non calcolando per niente se stesso, conta 4 facce. (b) L'adulto, calcolando per errore se stesso come oggetto 1 (o più educatamente come oggetto 5), ne conta 5. (c) La 1a Persona simile al bambino, nuovamente, ne conta 4, perché né (come il bambino piccolo) trascura se stesso come Soggetto né (come adulto) classifica se stesso come gli oggetti. Egli vede che non è né un adulto né un bambino, che non ha mai iniziato a crescere come un qualche cosa qualsiasi essa sia, per cui *fuori* conta se stesso come una cosa e *dentro* come una Non-cosa, come Zero.

Egli inizia sempre a contare da zero.

(a) Infantile

1 2 3 4 non conteggiando per niente se stesso

(b) Adulto SCIENZA-3

1 2 3 4 5 conteggiando per errore il Soggetto come oggetto 1

5 1 2 3 4 conteggiando per errore il Soggetto come oggetto 5

(c) Come il bambino SCIENZA-1

0 1 2 3 4 conteggiando se stesso come Soggetto 0

Qualunque cosa lo SCIENZIATO-1 (c) classifichi e metta insieme per il conteggio – che siano occhi, facce, teste, uomini, corpi o cose di qualsiasi tipo, persone, qualità – egli è consapevole di non essere nulla di simile, di non far assolutamente parte della stessa classe. Egli vede che, come 1a Persona, non deve essere addizionato a nessuno di loro, come la fruttiera rispetto al frutto. La 1a persona è ZERO rispetto a tutti i fattori esistenti – essenziale per l'operazione del loro conteggio ma non coinvolta, inclassificabile, il loro invariabile e irresponsabile Contatore. Lo SCIENZIATO-3, dall'altro lato, pensa a se stesso come a una cosa tra le cose, un oggetto tra oggetti, un numero da aggiungere alla fine di una serie, se non all'inizio. Il suo mondo, diviso tra questa cosa che osserva e quelle cose osservate, è un mondo duale. Per cui accade che, mentre lo SCIENZIATO-3 tira fuori diversi problemi secondari, aggrava quello primario, che è il problema della dualità, l'alienazione del sé dal non-sé, con tutte le sue conseguenti ansietà.1

La SCIENZA-3 ha una strumentazione matematica molto elaborata, la SCIENZA-1 ne ha una molto semplice, cioè Zero – me stesso come Nulla o numero 0 invece del numero uno. Tutto ciò che, come SCIENZIATO-3, supponevo di aver sottratto dal mondo, ora, come SCIENZIATO-1, io lo aggiungo di nuovo, lasciando lo Zero qui e l'Unità là. Ripetendo l'esperimento del tunnel – con la mia propria faccia all'estremità lontana di esso, sostituendola con quella di qualcun altro là, con il mondo come si presenta ora - sono sicuro di ottenere la somma giusta. Guardando simultaneamente fuori verso l'osservato e dentro verso l'osservatore, invece di 1 <--> 2 ...... trovo 0 <--> 1 ......

Questa è la formula ottimale e assolutamente universale o 'l'espressione generale per risolvere i problemi' – non puramente i problemi fondamentali della dualità ma, come conseguenza, anche tutti gli altri. Qualsiasi sia il problema, ora è totalmente là fuori (nell'1...) e per niente qui (nello 0), e questo suo posizionamento è la sua radicale risoluzione. Infatti la vita reale della 1a Persona non è altro che lo sperimentare continuo di questa formula di risoluzione del problema. I rapporti confermano che essa dimostra la sua validità mentre viene verificata e mai quando viene data per scontata.

1. KATHA UPANISHAD: *Dite alla mente che esiste solo un Uno; chi divide l'Uno vaga di morte in morte.*
BRIHADARANYAKA UPANISHAD: *Dove ce ne sono due c'è paura.*

5: LA SCIENZA-1 E' BASATA SUI SENSI

La scienza moderna ha inizio come una ribellione contro il pensiero, a favore del vedere – una rivolta contro quel intellettualismo medievale indisciplinato che faceva teorie senza fine rispetto alle cose, senza arrivare ad osservarle pazientemente e in modo imparziale. La SCIENZA-3 si appella in ultima analisi non a concetti ma a precetti e solo sulla base di queste fondamenta sicure può con successo indietreggiare la sua superstruttura torreggiante, che può permettersi di eclissare e oscurare persino i disegni Scolastici speculativi. Nondimeno, la SCIENZA-3 mancherà sempre di totale umiltà di fronte all'evidenza. Non può essere d'aiuto fare teorie. Questo perché lo scienziato è cieco se messo a confronto con la Natura grezza, a meno che non abbia dei preconcetti, qualche idea di cosa cercare, qualche schema da riempire, o serie di categorie per strutturare ciò che è meramente dato. I dati osservati hanno poco impatto finché non sono messi in relazione a qualche timida teoria o a qualche supposizione non ancora verificata. In breve, benché la semplice osservazione sia basilare non è abbastanza – per la SCIENZA-3.

Per la SCIENZA-1 è tutto. Il Vuoto qui non si può indovinare o pensare o meditarci sopra o persino comprenderlo; si può solo percepire. Il pensarci su lo distrugge dandogli un contenuto. [1] Qui, allora, la meta-scienza che, se funziona davvero, non può mai allontanarsi dalla sua base fondata sui sensi, è base sicura di un empirismo ultra-radicale. Non può neppure intravedere il suo materiale (che è lo scienziato in se stesso) mentre è accecata da qualche preconcetto o teoria o filosofia o dogma. Tutto ciò di cui c'è bisogno, tutto ciò che è concesso, è semplice apertura, pura attenzione. Come risultato, le sue scoperte non vengono distorte, date e non inventate, auto-evidenti: vale a dire, veramente scientifiche.

Comparata con la SCIENZA-1, la SCIENZA-3 è handicappata dal punto di vista dei sensi. Per esempio, benché le stelle e le galassie si possano vedere (e occasionalmente sentire), certamente non si possono odorare o gustare o toccare; e le particelle sub-atomiche non si possono nemmeno vedere. Ciò che la SCIENZA-1 studia, d'altro canto, è accessibile in modo equo a tutti i sensi. La sua procedura non consiste semplicemente nel guardare nelle due direzioni, ma anche nel sentire nelle due direzioni, gustare nelle due direzioni, odorare nelle due direzioni..proprio come ora non *vedo* Nulla qui, di fronte a questa pagina e a questa mano (totale assenza di forma, struttura, limiti, opacità, colore, movimento), così da questo lato ora *sento* dei suoni (il cinguettio degli uccelli, il rumore delle macchine, il gridare dei bambini) che vanno e vengono in esso, in questo Silenzio. In egual modo, qui ora non *annuso,* grazie a Dio, nessuna traccia di fumo di tabacco o di cucina o di scoli…Quindi questa 1a Persona è illuminata da *ognuno* dei sensi, come l'immutabile e indispensabile primo piano di tutte queste sensazioni in continua trasformazione. Nella mia esplorazione degli *altri* io uso i sensi che sono disponibili, meglio che posso; nella mia esplorazione di *Me Stesso* li uso tutti – alla perfezione. Che cosa c'è qui da potersi sbagliare?

1. HUANG-PO: *L'ignorante rifiuta quello che vede, non quello che pensa; il saggio rifiuta quello che pensa, non quello che vede.*

SIMEONE IL NUOVO TEOLOGO: *Oh Signore, per me sei totalmente visibile e la tua sostanza è fusa con la mia natura..*

6: LE SCOPERTE DELLA SCIENZA-1 NON SONO CONTESTABILI

E' molto probabile – anzi necessario – avere dubbi su quello che vedo *là*. (Per cui sono sicuro che ora sto vedendo qualcosa che provvisoriamente chiamo un punto di luce, ma a che cosa assomigli non ne sono sicuro. Si tratta probabilmente di una stella, ma potrebbe anche essere una galassia o un pianeta o un UFO o un satellite o un pallone meteorologico o una lucciola sulla finestra, o persino il prodotto di un disturbo di fegato.) Ma è impossibile per me dubitare quello che vedo *qui,* vale a dire l'*Assenza* di qualsiasi punto luminoso, di qualsiasi colore o forma o movimento, di una qualsiasi cosa. In questo caso non è questione di interpretazione, in quanto non c'è nulla da interpretare. Il Vuoto qui è se stesso e non l'apparenza di qualcos'altro; non punta verso qualcos'altro o richiede una qualche spiegazione o elucidazione. Quello che è visibile realmente è. Quanto è improbabile questo per quanto riguarda i dati che lo SCIENZIATO-3 investiga, dati che non sono per niente quello che sembrano! Infatti, il suo lavoro non è mai quello di prenderli per oro colato ma di porsi delle domande e guardare al di là di ciò che trova. Solamente questa Non-forma senza colore, che è l'investigatore stesso come 1a Persona, è totalmente indubitabile e priva di problemi. L'Uno che è questo sa che cosa fare di lei. La sola 'cosa' che si può prendere con sicurezza per oro colato è la nostra stessa Vacuità priva di faccia. Qualsiasi altra cosa ha almeno due facce e per sua propria natura illusoria.[1]

14

1. CHUANG-TZU: *Quello che chiamo perfezione della visione non è vedere gli altri, ma se stessi.*

SHEN-HUI: *Vedere nella propria natura del Sé è vedere dentro il Nulla. Vedere dentro il Nulla è il vedere vero ed eterno.*

7: LE SCOPERTE DELLA SCIENZA-1 NON SONO MEDIATE

Un altro handicap della SCIENZA-3 è che, poiché l'osservatore è sempre posizionato a una certa distanza dal suo materiale, deve fare affidamento su una terza parte, su un mediatore di dubbia natura, un sistema di trasporto fallace, un mezzo che è certamente molto diverso dal messaggio. Essa è la luce – quell'intricato sistema di onde che si muovono nello spazio, ulteriormente complicato dall'atmosfera, vapore acqueo, polvere, particelle ionizzate, e così via – con il risultato che ciò che arriva *dallo* SCIENZIATO- 3 è al meglio una vecchia versione da viaggio ritinta di quello che era in partenza. Com'è possibile prendere in considerazione ogni cicatrice, ogni segno del viaggio ed ogni distorsione prodotta da ciascun veicolo, come riportare indietro ciò che si presenta qui e ora a ciò che era là in origine un milione di secondi fa, o forse un milione di anni fa? Possono essere in qualche modo gli *stessi?* Naturalmente lo SCIENZIATO-3 prende in considerazione alcune delle maggiori distorsioni dovute alla strumentazione, ma è obbligato a prendere sulla fiducia il significato generale del messaggio. Lo strumento ideale, l'unica vera salvaguardia contro la distorsione, sarebbe non utilizzare assolutamente nessuno strumento, dove osservato e osservatore coinciderebbero e non lascerebbero nessuno spazio per l'errore durante la trasmissione delle informazioni da uno all'altro. Solamente la SCIENZA-1, dove l'oggetto e il Soggetto si uniscono, è conforme a questo ideale, o in ogni caso si avvicina.[1]

1. HSU-YUN: *Chi è che ripete il nome del Buddha? Dovremmo cercare di scoprire da dove proviene questo 'Chi' e che aspetto ha.*

RUYSBROECK: *Il contemplativo devoto, nella Terra nella quale riposa, non vede e non percepisce nulla tranne una Luce incomprensibile; e attraverso quella semplice Nudità che dispiega tutte le cose, trova se stesso, percepisce se stesso come quella stessa Luce grazie alla quale vede, e nient'altro.*

WU-MEN: *Lasciate che soggetto e oggetto siano talmente uniti che il vento non può passarci attraverso.*

8: LA SCIENZA-1 SCOPRE IL REALE

Infatti, *qualsiasi* distanza, *qualsiasi* mezzo che si interponga tra l'oggetto e il suo osservatore, non importa quanto banale e chiaro possa essere, fa molto di più che rifrangere e distorcere e offuscare: la realtà nativa è interamente rimodellata in qualche apparenza acquisita, qualche effetto a distanza che è piuttosto improbabile che ne sia la causa. (Così non avete due facce umane – una apparente che si presenta qui a me, che ne duplica una reale delle vostre là, ma solo questa apparente, come scopro quando mi avvicino a voi e la perdo: evidentemente, allora, la vostra Realtà non ha niente a che vedere con la vostra apparenza. E questo è vero e verificabile per tutte le cose intorno a noi: svaniscono quando vengono ispezionate da vicino.) E infatti – contrariamente al buon senso – la SCIENZA-3 ammette di essere la scienza dei fenomeni e non noumena, delle apparenze regionali e non della loro Realtà centrale, del modo in cui le cose appaiono e non del modo in cui sono. E' la scienza della relatività, di come succede che le cose colpiscano l'osservatore, la cui posizione e spostamento creano tutta la differenza. E' la scienza di quello che sembra essere, degli incantesimi variegati senza fine a cui la distanza conferisce un aspetto di pura verità.

La SCIENZA-1, d'altro canto, è la scienza disincantata di ciò che è, del Reale, di dove arrivano le apparenze e di colui alle quali appartengono quelle apparenze. *Il suo praticante sta ben attento a selezionare come suo materiale – letteralmente, come sua argomentazione – solamente quello che può ottenere e penetrare e quindi conoscere intimamente, e tratta il resto come sotto-standard.* In base a questo prende seriamente se stesso come unico accessibile esempio di come stanno realmente le cose. Prende seriamente il punto che egli occupa, come l'unico posto che abbia mai realmente visitato, il solo paese che per lui è privo di miraggi e disincantato. Qui, alla fine, tutto è semplice e diretto, l'apparenza e la Realtà sono la stessa cosa, e la scena così come appare è esattamente ciò che è.[1]

1. HEIDEGGER: *Nessuna epoca come la nostra ha conosciuto così tanto, così tante cose diverse, riguardo all'uomo, nessuna epoca come la nostra ha conosciuto così poco riguardo a quello che lui è.*

RUMI: *Quando hai rotto e distrutto la tua stessa forma, hai imparato a rompere la forma di ogni cosa.*

ECKHART: *Se conoscessi me stesso così intimamente come dovrei, avrei una conoscenza perfetta di tutte le creature.*

BRIHADARANYAKA UPANISHAD: *Quando il Sé viene visto, udito, pensato, conosciuto, ogni cosa è conosciuta.*

9: LA SCIENZA-1 NON INTERFERISCE

Non solo la SCIENZA-3 non è adatta ad esaminare la Realtà stessa, ma anche, a un livello inferiore, le apparenze della Realtà; questo perché le scoperte di questa scienza sono fatte a spese dei fatti. Essa arriva a conoscere il suo materiale interferendo con esso. Così la presenza dello scienziato sociale nella situazione sociale altera quella situazione; il suo evidente interesse nel comportamento delle persone causa loro il cambiamento del loro comportamento; la sua personalità e la formulazione delle sue domande avranno molto a che fare con le risposte che ottiene. Quindi l'unico modo per il biologo di ottenere una visione chiara di certe strutture cellulari è quello di uccidere e macchiare la cellula, con il risultato che egli finisce per studiare, in parte, il suo proprio artefatto. Quindi il solo modo in cui il fisico può ottenere informazioni riguardo a certe particelle è colpirle con altre particelle, compromettendo in questo modo le informazioni da lui acquisite..

I fenomeni studiati dalla SCIENZA-3 sono necessariamente, fino a un certo livello, sconosciuti perché ogni investigazione approfondita su di loro fa loro violenza. Non è tanto che la SCIENZA-3 sia maldestra, quanto che i suoi materiali sono vaghi e schivi e in movimento – e in effetti ambigui, come fenomeni benefici. [1] Il solo rimedio è passare dall'inaffidabile all'affidabile, dall'oggetto osservato al Soggetto osservante, a quell' unico laboratorio dove lo scienziato e il suo materiale sono realmente in buoni rapporti, dove essi sono talmente uno da non poter farsi del male a vicenda, e comunque non rimane Nessuno a cui far del male. 2 Ecco qui la sola conoscenza non violenta, il che significa conoscenza genuina. Solo qui lo scienziato alla fine rintraccia il dato vergine, il Fatto non manipolato, scopre che non è altro che se stesso come 1a Persona singolare e infine diventa totalmente scientifico.

1. RUMI: *La conoscenza del mondo è una specie di ignoranza.*

2. ECKHART: *Qualsiasi cosa, anche piccola, che aderisca all'anima, vi impedisce di vedermi.*

10: LA SCIENZA-1 E' OBIETTIVA

Nella sua forma più pura, la SCIENZA-3 è totalmente obiettiva in relazione ai suoi ideali. Essa mira al completo distacco e a una mente totalmente aperta, tutta la verità esaminata in modo imparziale; e sicuramente i risultati suggeriscono che nell'insieme non fallisce in questo obbiettivo ambizioso. Ma inevitabilmente non ha nemmeno successo, per quattro motivi principali. Primo (come abbiamo visto) lo SCIENZIATO-3 si interessa solo delle apparenze dell'oggetto e non della Realtà alla quale queste apparenze appartengono; secondo, egli si interessa solo di una piccola selezione dell'infinità di quelle apparenze e ignora il resto; terzo, anche le apparenze scelte (nuovamente, come abbiamo visto) vengono sconvolte dalle sue tecniche di osservazione e pertanto parzialmente falsificate; quarto (e il peggiore di tutti) egli tiene conto solamente della metà variabile e più o meno imperscrutabile di ogni circostanza scientifica – quella osservata - e trascura la metà costante – l'osservatore stesso come 1a Persona, che come tale è reale e privo di apparenze, ed è in effetti l'unico ingrediente affidabile nel complesso sperimentale o osservativo.

Invece, per quanto riguarda la SCIENZA-1 essa si interessa del reale, del costante, è totalmente realistica e affidabile: abbastanza stranamente, è la scienza del Soggetto che è nell'insieme oggettivo, il che significa totalmente scientifica. Né questa obiettività è di tipo pickwikiano, ottenuta solamente dall'ignorare gli oggetti. Al contrario, la SCIENZA-1 riconosce con piacere (e in un certo senso include) la SCIENZA-3 e le dà valore, in quanto essa prende in considerazione non solo colui che vede ma anche chi è visto, non solo la Realtà centrale ma la rete di tutte le sue apparenze. In altre parole, la Vacuità che vede è meravigliosamente riempita e per niente puramente vuota; il Soggetto trova se stesso colmo di oggetti, l'Osservatore con l'osservato, ed essi sono uno. [1] Oppure, per metterla nuovamente in modo diverso, mentre lo SCIENZIATO-3 guarda fuori, lo SCIENZIATO-1 guarda simultaneamente sia dentro che fuori – dentro a ciò che è vicino e fuori a ciò che è lontano, dentro a Chi sta guardando e fuori a ciò che viene guardato, *e solo questo guardare nelle due direzioni è completamente obiettivo.*

Alcuni lo hanno veramente sperimentato. Essi dichiarano che, quando il guardare nelle due direzioni viene mantenuto, il mondo esterno viene visto in modo molto più vero e vivido di quando viene visto a se stante, come se fosse l'unica storia, come se fosse inosservato. Va aggiunto, comunque, che anche questo modo illuminato di guardare non dà inizio a una perfetta conoscenza del mondo, la cui natura è quella di poter essere esaminato pezzo per pezzo e mai in modo totale. Solamente la sua Sorgente viene data tutta in una volta e può essere vista senza fare selezioni, con completa obiettività. [2]

1. ECKHART: *Se l'anima stesse dentro, avrebbe ogni cosa..*
2. SAN GIOVANNI DELLA CROCE: *Solamente Dio può essere perfettamente conosciuto perché solo Dio è perfettamente semplice*
RAMANA MAHARSHI: *I fenomeni sono reali quando sono sperimentati come il Sé, ma illusori quando sono visti separati dal Sé.*

11: LA SCIENZA-1 E' LA SCOPERTA DEL CONOSCIBILE

Solo ciò che non è complicato è conoscibile. Quando viene introdotta qualsiasi complicazione, con essa nasce immediatamente l'opportunità – la necessità – di un'infinita regressione nello studio e reinterpretazione: ogni nuovo sviluppo (e in realtà ogni nuovo pensatore) coinvolge la rivalutazione di quello che già esiste, e non viene mai detta l'ultima parola riguardo a qualsiasi cosa. Ovviamente ogni oggetto ordinario, come la mia mano o la mia faccia, è rigorosamente imperscrutabile, perché per una valutazione complessiva del loro tessuto e configurazione e colore (per non parlare dei molteplici livelli della struttura al microscopio) ci vorrebbe una vita; e non si potrebbe proprio sperare di stare al passo con la continua devastazione che il tempo infligge continuamente all'oggetto. La natura non starà abbastanza ferma da poterle fare una foto; essa è troppo elusiva per essere legata, troppo abbondante per essere riposta in qualsiasi libreria o laboratorio. La SCIENZA-3 non ha nessuna scelta per semplificare troppo e comprimere i dati, e si accontenta di far emergere le regolarità più significative che creano la struttura della varietà infinita della Natura. Nonostante questo, l'universo della camicia di forza, schematico e largamente simbolico della SCIENZA-3, e le regolarità o 'leggi' che lo 'governano', rimane estremamente complicato. Inoltre c'è sempre la questione di quanto queste 'leggi' siano valide scoperte dello scienziato e quanto siano pure convenzioni da lui imposte; e rimane sempre la certezza che non sono definitive. .

La conoscenza di cui si occupa la SCIENZA-1 è di ordine totalmente diverso, assoluta e non relativa, idealmente trasparente, totalmente immediata, perfettamente apprendibile in un attimo. Stupidamente, immagino di poter vedere quello che sto vedendo e non da che cosa sto guardando fuori, la mia faccia laggiù nello specchio e non la mia assenza di faccia qui, alla fine di questo tunnel.

Il fatto è che posso vedere chiaramente, posso conoscere totalmente *solo* questa Semplicità qui, dove non c'è niente da confondersi, o da attualizzare, o da collegare a qualcosa o altro. In breve, solamente la conoscenza del Sé è vera conoscenza.[1]

1. D. T. SUZUKI: *La totale conoscenza è quello che costituisce l'essenza della Buddhità. Ciò non significa che il Buddha conosce ogni singola cosa, ma che ha afferrato il principio fondamentale dell'esistenza e che è penetrato profondamente dentro il Centro del suo stesso essere.*

J. C. BRADLEY: *Se c'è qualcosa che si potrebbe definire intrinsecamente non conoscibile, quello è l'uomo.*

12: LA SCIENZA-1 SI AUTO-REGOLA

La SCIENZA-1 ha costruito dentro di sé un inestimabile sistema di sicurezza o un dispositivo di autoregolazione di cui la SCIENZA-3 manca totalmente. Non è che *potrei* sbagliarmi riguardo all'oggetto là fuori ma è che fino a un certo livello *devo essere in errore:* comprenderlo totalmente significa disapprenderlo. E al contrario, non è che *probabilmente* ho ragione riguardo al puro Soggetto qui ma che *devo* avere ragione; vederlo totalmente è vederlo perfettamente come era ed è e sarà per sempre, esattamente come tutti i suoi vedenti lo hanno visto e lo vedranno. [1] Poiché non c'è Nulla da vedere non posso vederne la metà, né posso vederlo per metà; questa è una scoperta di un tutto-o-niente (tutto-e-Niente) che rimuove qualsiasi ansia dovuta al timore che la mia Illuminazione possa essere più fioca della vostra, o meno matura, o mancante in qualcosa. Vedere questa perfetta Visione è vedere la Visione perfettamente, pertanto tra quelli che ne godono non ci può essere nessuna élite, nessuna scala gerarchica mentre accade la visione. In questo senso la SCIENZA-1 è idealmente democratica e ugualitaria. In effetti essa si auto protegge contro ogni sorta di abuso; o funziona perfettamente o non funziona affatto. Che diversa dalla SCIENZA-3 che, mancando di apparecchiature interne di sicurezza, si surriscalda sempre o minaccia di rompersi! Infatti, è quando questa SCIENZA-3 è al massimo della sua creatività che è più esposta a dubbi, ansie, rivalità personali, e spesso dispute amare.

1. SAN GIOVANNI DELLA CROCE: *Che tu possa conoscere ogni cosa, che tu cerchi di conoscere il nulla.*

HUANG-PO: *Semplicemente non avete nessun tipo di mente; questo è conosciuto come sapere incontaminato.*

13: LA SCIENZA-1 GIUNGE A UN ACCORDO

Una volta raggiunte, le scoperte della SCIENZA-3 non rimangono generalmente questione di opinioni o di acceso dibattito. Se tutto va bene, esse sono presentate così lucidamente e sperimentate così facilmente che tutte le persone ragionevoli tendono ad esserne d'accordo. Qualunque sia la nazionalità, l'orientamento politico, la religione, la razza, il punto di vista filosofico, o il temperamento, probabilmente esse accettano senza discussione gran parte della fisica e della chimica (per esempio) e le loro applicazioni pratiche. Dall'altro lato, ci sono campi (psicologia e sociologia sono esempi noti) dove ci sono almeno tante scuole di pensiero quanti sono gli addetti e virtualmente nessun principio accettato. La verità è che, per quanto riguarda gli *osservati*, c'è sempre spazio per una qualche differenza di opinione, di enfasi, di approccio, e in effetti è questa indulgenza che rende possibile l'intera vasta impresa della SCIENZA-3.

Ma per quanto concerne l'*Osservatore* non ci possono essere differenze di opinione, questo perché non c'è nulla su cui non essere d'accordo.1 L'unico soggetto sul quale tutto deve concordare è, precisamente, l'Unico SOGGETTO, 1a Persona singolare, al tempo presente, in cui siamo uno, perché noi siamo Uno. Questo è un meraviglioso antidoto contro il terrore di un universo sconosciuto ed alieno, indipendentemente dal fatto che si tratti di scienza fittizia o scienza oggettiva; esso conduce a Casa l'intero gregge cosmico; è l'irenica universale. Per quanto preistorico e strano possa apparire il fruitore dello stato di la 1a Persona, o (al contrario) per quanto anticipatore possa essere rispetto a noi della storia dell'evoluzione, per quanto immerso sia nello spazio siderale, per quanto fantasticamente non-umano, per quanto incompatibile con la nostra civilizzazione e religione e SCIENZA-3 – qualsiasi scoperta e fruizione di questo Fatto perenne e universale è scoperta della stessa cosa grazie allo stesso Scopritore, e non è possibile nemmeno una sillaba di disaccordo.

1. YUNG-CHIA HSUAN-CHUEH: *Come il cielo terso esso non ha confini, benché si trovi proprio in questo posto, sempre profondo e chiaro*

ECKHART: *Nell'essenza dell'anima non può cadere mai neanche un granello di polvere.*

14: LA SCIENZA-1 E' GRATUITA

La SCIENZA-1 riconcilia tutti i suoi praticanti dell'intero cosmo (nonostante tutti i loro numerosi occhi e antenne e gambe, e in qualunque luogo essi crescano!), perché Ciò che ognuno di loro vede essere è esattamente Ciò che ogni altro essere vede, e Ciò che essi effettivamente sono. La SCIENZA-1 è la scoperta che, in ultima analisi, esiste solo uno Scienziato, e la Scienza ultima è il suo stesso vedersi dentro – il suo personale, ed essere libero.

La SCIENZA-3 è un investimento costoso in grandi quantità di valide apparecchiature e costruzioni e servizi speciali, presidiati da schiere di esperti molto ben pagati; ciò nonostante, i problemi sono tanti e non è garantito un adeguato ritorno. Inoltre più fondamentale è la ricerca e più costosa si rivelerà; per investigare le 'ultime' particelle da un lato e la spirale nebulosa dall'altro – per penetrare nelle parti più piccole e in quelle più grandi – sono necessarie apparecchiature avanzate e tecniche molto sottili e un modo di pensare molto sofisticato. La barriera della verità diventa sempre più difficile da penetrare.

Per sfondare nettamente la barriera, lo SCIENZIATO-1 deve solo essere se stesso. [1] Per terminare il suo lavoro così laborioso e costoso effettuato dalla SCIENZA-3, e arrivare realmente alla parte più piccola e a quella più grande, egli è già e per diritto di nascita perfettamente equipaggiato; egli non chiede Nulla – nemmeno quel perfetto microscopio infra-elettronico, il tunnel di carta, per quanto economico sia. Per raggiungere la profondità e l'altezza ultime egli non ha bisogno di nessuna scala a pioli, questo perché non è mai andato da nessun'altra parte. Solo ciò che è remoto richiede tempo e soldi e problemi per poterlo ottenere.

1. IL SEGRETO DEL FIORE D'ORO: *E' come se, nel mezzo del nostro essere, ci fosse un non-essere...I Confuciani lo chiamano Centro della Vacuità.*

RUMI: *Quando un uomo si è risvegliato, si fonde e perisce.*

15: LA SCIENZA-1 E' SEMPLICE

Di nuovo, per arrivare *quasi* nel cuore delle cose ho bisogno non solo di tempo e soldi e attrezzatura, ma di particolari doni intellettuali oltre a una lunga formazione; mentre per andare proprio là non ho bisogno di nulla di tutto questo, assolutamente di nessuna esperienza. Al contrario, la qualificazione essenziale è che io lasci cadere tutte le mie qualificazioni, il mio sapere e le mie abilità conquistate così faticosamente sul campo, e che diventi ciò che intrinsecamente sono – perfettamente semplice, uno stolto. L'intelligenza è precisamente ciò che mi impedisce di vedere com'è lì, di essere me stesso e proprio naturale. Per cui non è il sofisticato SCIENZIATO-3 che raggiunge l'obiettivo della scienza, ma il bambinesco e persino idiota SCIENZIATO-1, che si prende la briga di notare che in realtà lui è già là. Questo significa che il più ordinario degli uomini, benché ignorante e non esperto, può essere un superbo scienziato e l'esperto più eminente al mondo riguardo a ciò che conta di più. Tutto quello che deve fare è guardare.[1]

1. GESU': *In verità vi dico: se non cambiate e non diventate come i bambini, non entrerete nel regno dei cieli.*
ECKHART: *Dio non viene visto tranne che dai ciechi, né conosciuto tranne che dagli ignoranti, né compreso tranne che dagli stolti.*
LAO-TZU: *Il Saggio vede e sente sempre non più di quello che un bambino piccolo vede e sente.*

SAN TOMMASO D'AQUINO: *Niente può essere più semplice di Dio, sia nella realtà che nel nostro modo di comprenderlo.*

16: LA SCIENZA-1 NON E' SPECIALIZZATA

Tradizionalmente, l'autentico scienziato-filosofo prende tutto il sapere del suo tempo come suo territorio di conquista e fino a cento o duecento anni fa questo ideale talvolta è arrivato vicino alla realizzazione. [1] E in effetti, se uno scienziato è 'uno che conosce', allora più globale è il suo sapere più lui è uno scienziato. Ma in quel caso il progresso della SCIENZA-3 è stata la regressione dello SCIENZIATO-3, che non può ancora per molto sperare di tenere ancora il passo con la specialità che lui stesso ha scelto. Il materiale è così vasto e la sua crescita così rapida che nessun chimico (diciamo) o biologo o fisico ha il tempo di sfogliare tutta la letteratura periodica del suo stesso soggetto, né tantomeno contemplare l'oggetto nel suo lavoro. Praticamente la sua unica possibilità di fare una scoperta originale è di confinare la sua attenzione (diciamo) a un particolare tipo di molecola o organismo o disturbo, o a una particolare condizione psicologica o tecnica terapeutica. Il risultato è che, anche se la SCIENZA-3 esiste in tutta la sua magnificente gamma e complessità, non esiste per qualsiasi scienziato; essa arriva pezzo per pezzo *e non si può ricomporre:* non c'è nessuna sintesi. Per dirla in breve, è incomprensibile, e i suoi praticanti sono sempre meno scienziati nel senso originario. Più ha successo nel dettaglio più fallisce come un tutto.

Lo SCIENZIATO-1 spinge la specializzazione al limite massimo, e pertanto la rovescia. Egli conosce, non - come lo SCIENZIATO-3 – sempre di più riguardo il sempre meno, ma tutto riguardo al Nulla.

Egli non corre nessun rischio di avere una mente ristretta, questo perché il suo Soggetto è senza confine; non si può concentrare su una sola parte, perché non ha parti. Mettere completamente in pratica la SCIENZA-1 è mettere in pratica tutto di essa. In breve, la risposta al problema della specializzazione è dare un'altra occhiata allo specialista – da dentro. Egli può con sicurezza e tranquillamente restringere la sua attenzione ai più piccoli progetti di ricerca, ammesso che non perda contatto con il proprio Sé, con il Ricercatore il cui respiro è infinito.

1. In Aristotele nel vecchio mondo, per esempio, e in uomini come Cartesio, Francis Bacon, Leibniz, Pascal, and Herbert Spencer nel mondo moderno.

17: LA SCIENZA-1 NON HA PROBLEMI DI CO-MUNICAZIONE

Una delle debolezze strutturali della SCIENZA-3 sta nel fatto che la costruzione del sapere include l'abbattimento degli strumenti per la sua veicolazione; la comunicazione interna tende a crescere. Lo specialista è inconsapevole dell'enorme lavoro che viene fatto in altri campi (ma potenzialmente rilevante per il suo stesso campo) perché, oltre alla mancanza di capacità e di tempo per un'ampia esplorazione, gli manca anche il gergo. Nella misura in cui ogni settore scientifico sviluppa il suo proprio linguaggio, egli aumenta di conseguenza la sua mancanza di contatto con il mondo e il suo avere la lingua legata.[1]

La SCIENZA-1 non ha nessun problema di comunicazione interna. Qui le informazioni vengono trasmesse intatte e non distorte – come ci si potrebbe sbagliare? A indica il Vuoto a B, se B lo vede completamente, lo vede esattamente come lo fa A. E a questo scopo, inoltre, le parole si dimostrano particolarmente adatte. Il linguaggio che per gli scopi della SCIENZA-3 è così inadeguato si rivela essere meravigliosamente adeguato per quelli della SCIENZA-1. Inoltre, è pieno di suggerimenti profondi, come quelli di quel linguaggio ambiguo così ispirante del tipo 'Non sono Nulla, non ho Nulla, non voglio Nulla, non so Nulla, sono ossessionato dal nulla, collegato al Nulla, credo nel Nulla…' E' come se il linguaggio fosse stato creato di per se stesso dal Nulla e che le semplici cose che scaturiscono da quel flusso debbano avere la loro chance linguistica. Così più parlo dei miei pensieri e delle mie sensazioni – e specialmente delle mie esperienze spirituali e mistiche – più è probabile che essi evaporeranno, finché alla fine tutto diventa falso e io non so di che cosa sto parlando; mentre più parlo del posto da Dove provengono questi pensieri e queste sensazioni, più consistentemente vedo ciò che intendo dire e intendo dire ciò che vedo, e il più lucidamente lo esprimo. Questa Sorgente non splende mai così tanto brillantemente di quando viene indicata a qualcun altro (in realtà essa indica se stessa fuori da Se Stessa), e allora il linguaggio è al suo livello migliore. E' stupefacente come questo vedere faciliti il flusso verbale e la precisione (così che l'oratore silenzioso possa ascoltare con qualcosa di simile all'ammirazione), e una qualità di conversazione che renda la relazione sociale media simile a una stringa di monologhi interrotti. E in effetti parte della più grande letteratura mondiale trova ispirazione in modo similare. Non è un caso che la poesia di Rumi e di San Giovanni della Croce e la prosa di Eckhart e Traherne, debbano essere preminenti nelle loro rispettive lingue; o che debba essere Shakespeare stesso a paragonare a una scimmia arrabbiata l'uomo che è 'più ignorante di quello che di cui è più sicuro, la sua essenza vetrosa'. Le parole che procedono da quella assenza di coscienza di quella testa simile a quella di una scimmia provengono direttamente da quella stessa Essenza pellucida, per cui non è sorprendente che esse si rivelino parole potenti, adatte a ricondurre al loro Oratore trasparente e senza bocca. E' solo Quello da cui proviene il discorso che sosterrà un lungo discorso.[2]

Per sicurezza, non solo la SCIENZA-1 ha facilità nel parlare ma sa anche gestire le forme; essa possiede la sua propria galleria di diagrammi spaziali o atlanti di mappe che aiutano enormemente la comunicazione mostrando tutto in una volta quello che le parole necessiterebbe del tempo per esprimere. Un esempio è dato dal nostro mandala, o schema simile a una cipolla, essenzialmente una rete di cerchi concentrici intorno ad un centro; il centro è la 1a Persona e i cerchi sono il sistema delle sue apparenze periferiche come 3a persona, delle sue manifestazioni verso osservatori la cui distanza ne determina lo stato – umano o non umano – di ciò che essi osservano. Questa, nuovamente, è la nostra piramide degli insiemi e delle parti, con il Tutto (o la 1a Persona come Tutto) all'apice, "la questione ultima" (o la 1a Persona come Nulla) come base, e l'uomo a metà strada tra i due.

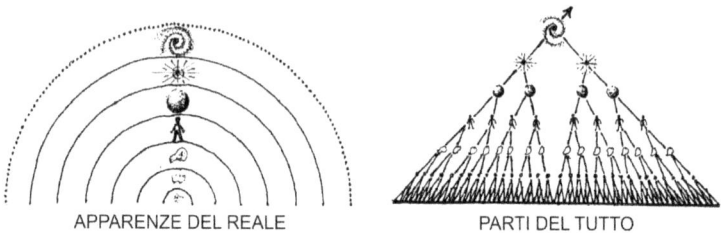

APPARENZE DEL REALE   PARTI DEL TUTTO

Benché una mappa non sostituisca il territorio, presenta una certa analogia rispetto ad esso. Si possono pronunciare solo parole onomatopeiche come *sibilo (in inglese hiss) e tonfo (in inglese plop) e mormorio (in inglese hum)*. La maggior parte non ha collegamenti con ciò per cui si presenta. La parola 'io' non è più l'esperienza dell'io' tanto quanto la parola 'rosso' possa essere tinta di rosso. E' noto che le parole diventano sostituti del loro significato. Questo è tragicamente vero quando riguardano il mio stato di 1a persona. Parlare, leggere e scrivere riguardo a Chi sono io, senza vedere Chi sono io, è una via di scampo molto consumata da Chi sono io. Alcuni minuti dedicati a un esperimento che ridiriga la mia attenzione nel

Punto che io occupo (attraversando il nostro tunnel di carta, per esempio) valgono una vita di studi e discorsi centrifughi. Un tipico 'laboratorio' o 'seminario' con (diciamo) da dieci e trenta partecipanti di una durata da tre ore ad alcuni giorni, può provare a ottenere un punteggio rispetto a tali esperimenti, che hanno tutti come unico scopo la scoperta sempre rinnovata da tutte le possibili angolazioni, della 1a Persona Singolare. [3] In un 'laboratorio' portato avanti con successo non c'è nessun problema di comunicazione, perché non ci sono comunicatori separati. E certamente non c'è nessuna distinzione tra vedenti esercitati e novizi, e nessun insegnamento ma solo la gioia dell'identità condivisa – della 1a Persona Singolare che si risveglia alla 1a Persona Singolare.[4]

1. La movimentata storia della scoperta del DNA mostra come sia ancora possibile una comunicazione di larga portata tra discipline; e anche le difficoltà di lavoro che devono essere affrontate da una scienza frammentata.

2. Da qui la tendenza di coloro che guardano dentro – così strana, persino perversa, rispetto allo spettatore, di esplorare continuamente e contemporaneamente la loro Trasparenza. Anche se non c'è Nulla da dire su come vanno avanti a farlo in quanto alla fine ognuno vede dentro le profondità infinite dell'altro! Questa è vera intimità, questa conversazione curativa, è indescrivibilmente soddisfacente perché, in effetti, c'è un solo Oratore e un solo Ascoltatore, ed essi sono la stessa persona.

3. Suggerimenti dettagliati riguardo ai laboratori o seminari si possono ottenere tramite l'editore di questo libro.

4. GEORGE MACDONALD: *Solo in Dio l'uomo può incontrare l'uomo.*　39

18: LA SCIENZA-1 MOSTRA COME IL LINGUAGGIO SOSTIENE L'ILLUSIONE

Il linguaggio è venale. A servizio della verità della 1a Persona, esso punta verso la 1a Persona: ne è a testimonianza. A servizio della finzione della 3a persona, del senso comune e della convenienza sociale, esso nasconde la 1a Persona sotto un fumoso e spesso schermo verbale. Ce lo potevamo solo aspettare; infatti l'origine e lo sviluppo della comunicazione verbale e della scrittura, sia nella storia della razza che in quella dell'individuo, coincidono con l'origine e lo sviluppo dell'illusione umana di base – l'illusione che la 1a Persona sia irreale. Il linguaggio fa parte di questa illusione o raggiro, che la sua struttura e il suo utilizzo in ogni caso promuovono. Ecco perché i saggi hanno detto che troveremo la verità quando diventeremo come bambini piccoli che non hanno imparato a parlare.

Essi lo dicono ampiamente, in modo eloquente! In questa Sezione anche noi usiamo il linguaggio per esporre e correggere il suo errore di base.

(a) Il linguaggio ignora la 1a Persona

Prendete l'affermazione 'Jack vede Jill'. Sembra che abbia senso così com'è, che sia tutto lì. Ma in effetti è incompleta, un'astrazione. Porta a domandarci chi ha fatto quell'affermazione e su quali basi. Dopo averla corretta, l'affermazione dice: 'Io vedo (penso/immagino/ credo/dico,,,) che Jack vede Jill.'

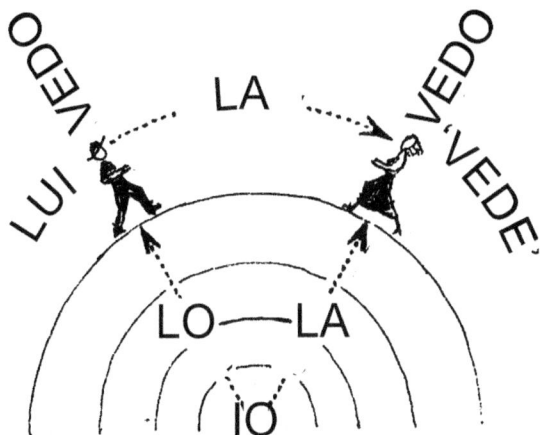

Perché in effetti la frase 'Jack vede Jill' non accade in un vuoto né da nessun'altra parte; è posta a distanza là fuori nel mio universo, in quello che io chiamo regione umana o strato umano della cipolla là fuori: è una frase *segmentaria*. Come tale, essa implica la frase *radiale* 'Io vedo ...', procedendo a partire dal Cuore della cipolla qui fino allo strato là fuori. La frase completa 'Io vedo Jack che vede Jill' è radiale-segmentaria. Essa tiene conto del guardare nelle due direzioni della SCIENZA-1.

La SCIENZA-3 si basa sul guardare in una direzione, su frasi puramente segmentarie come 'Jack vede Jill', che ignorano la loro controparte radiale – come se ci potessero essere teste là senza una non-testa qui, frasi senza un oratore, scienza senza uno scienziato! Fuorviato dalle astrazioni del linguaggio nella sottrazione totale della 1a Persona, lo SCIENZIATO-3 *immagina* di essere una cosa piccola, lontana, accidentale, sola, superflua in un universo alieno.

Allontanandosi da questo incubo, lo SCIENZIATO-1 vede se stesso come capacità senza fine per questo universo di cose, pieno zeppo di tutto il suo spazio-tempo, un tutt'uno con tutti i suoi abitanti, e indispensabile.

(b) Il linguaggio gioca brutti scherzi alla 1a Persona plurale, trasformando la 1a Persona nella 3a

Il più grande dei raggiri che giochiamo a noi stessi è precisamente la parola 'noi'. *Non c'è nessuna 1a Persona plurale.* Posso ragionevolmente mescolare me stesso con Jack e Jill solo se sono qualcosa di simile a loro, e io non sono minimamente come loro. Io non ho mai cacciato questo famoso ma favolistico mostro chiamato 'noi'; io non ho mai intravisto la coda di questo impossibile ibrido. [1]

Quando dico 'Io vedo Jack' e 'Jack vede Jill' naturalmente presumo che la parola vedere mantenga lo stesso significato in entrambe le frasi. Così giro i fatti in modo che si adattino al linguaggio. *Osservo* che Jill è distinto e distante da Jack e faccia-a-faccia con lui in una relazione simmetrica; e vado avanti a *immaginare* me stesso in una situazione similare – distinto e distante da Jill, faccia a faccia con lei, in una relazione simmetrica. Ma in effetti non è per niente così. Non c'è *nessun* osservatore qui distinto e distante da Jill; lei ed io siamo faccia-*a-non*-faccia, e l'impostazione *non* è simmetrica. Ora capisco che vengo imbrogliato, quando la stessa parola viene usata con due significati così contrastanti. Ora capisco che io penso che qui devo essere, come Jack e Jill laggiù – di dover essere quella specie di 'vedente' che applica quella specie di 'vedere'.

E' lo stesso con i verbi in generale; essi sono segretamente doppi, divisi nel mezzo, forzati a portare avanti i significati opposti. Prendete alcuni ulteriori esempi. 'Noi tre – Jack, Jill ed io – stiamo gustando la nostra zuppa' in realtà significa: La zuppa sta entrando in quelle due teste e non ha gusto; la zuppa entra in questa Non-testa e *ha* un gusto'. 'Io vedo Jack che cammina in campagna, e avendolo seguito 'significa realmente' 'Ho visto Jack che si muoveva attraverso la campagna, la quale non gli prestava assolutamente nessuna attenzione. Poi ho visto la campagna che si spostava attraverso di me – completamente e a velocità diverse: le nuvole e le colline lentamente, gli alberi e le case più velocemente, le siepi ai lati della strada ancora più velocemente'. 'Jill guarda attraverso quel vetro blu, io guardo attraverso questo vetro rosso' in realtà vuol dire:

'La faccia di Jill diventa blu, il mio universo diventa rosso'.

Che mistificazione! Le parole possono parlarmi dentro e fuori da qualsiasi cosa, dentro 'il vedere' di ciò che non viene visto e fuori dal 'vedere' di ciò che viene visto. Io vedo solo quello che le parole – questi piccoli segni sulla carta, questi rumori peculiari – permettono! Il dono fatale del linguaggio è terribilmente adatto ad eliminare l'autenticità, il vero cuore, dalla mia vita. Inghiottendo questo veleno, la 1a Persona è portata a diventare 3a, al suicidio.

(c) Il linguaggio contamina la 1a Persona con pensieri e sensazioni
Dicendo a me stesso e ai miei due amici 'Sono preoccupato', 'Penso', 'Ho paura', 'Sono solidale', 'Amo', Sono in uno stato', ecc. suppongo che queste frasi siano complete e debbano significare qualcosa. In

43

effetti sono troncate: questa volta il Soggetto è spogliato del suo oggetto, invece che il contrario. Esse implicano che io sono in grado di sperimentare preoccupazione, pensieri. paura, amore, ecc. proprio qui, senza riferimento a oggetti di cui preoccuparsi, a cui pensare, di cui avere paura, da amare…Quindi io arrivo a credere in una piscina centrale o pozzo nero di pensieri e sensazioni che fluiscono ed inquinano la mia chiarezza interiore, una palude soggettiva, un mio proprio mondo interiore congestionato. Ma quando faccio attenzione a questo Punto e cerco di sperimentare, proprio qui, preoccupazione, pensieri, paura, amore, e così via, non esperimento Nulla: è proprio come se essi uscissero da qui, dalla 1a Persona, per andare là nel mondo delle 3e persone e aderissero ai loro oggetti – per esempio, a Jack e a Jill - di modo che si manifestino completamente. Qui, la Sorgente dell'esperienza rimane perfettamente fredda e lucida, incontaminata da ciò che esce da essa. 'Sono preoccupato per Jack', 'Penso a Jill', 'Ho un dolore al petto', e così via, come tutte le frasi radiali, centrifughe, e io non trovo nessun riflusso rispetto all''io' alla fine. Vedo me stesso libero, pura consapevolezza al Centro, nonostante il tanto parlare, con le sue frasi troncate come 'Sono preoccupato' , 'Mi fa male', 'Immagino', mi potrebbe persuadere del contrario. [2]

(d) Il linguaggio contamina anche la 3a persona

Il linguaggio, allora, mi lancia un triplo assalto – dicendomi di credere che io sono, come 1a Persona, superfluo, che sono puramente una cosa detta 3a persona, che questa cosa è satura di pensieri e sensazioni. Sarebbe sorprendente se una così grande illusione si fermasse qui, e il linguaggio mi permettesse di avere ragione rispetto agli altri mentre mi sbaglio così tanto riguardo a me stesso. Infatti, esso contamina anche la 3a persona. Quando dico 'Jill vede (pensa/ama/ è critica riguardo a…) me', trovo difficile non attribuire una coscienza a lei come 3a persona, a quell'opaco organismo munito di testa. Il linguaggio punta oltre quella superficie colorata e in movimento, a un abitante fantasma, a un folletto che mi osserva attraverso quegli occhi, un piccolo pensatore con quella testa superattiva, che mi sta valutando. Tutte le facce diventano demoniache: sono circondato da questi speciali oggetti che riesco a malapena a guardare, perché sono così posseduti, così super-caricati. Vivere in un tale universo è veramente sconvolgente. Il semplice, naturale, atteggiamento affettuoso diventa impossibile. Il linguaggio è strutturato intorno alla finzione di coscienze separate, una per ogni corpo; le coscienze separate significano alienazione; alienazione significa disperazione. Come possono esserci due tipi di coscienza – la mia, che è deliziosamente infinita, libera, sgombra, inseparabile dalla Coscienza in generale, e la loro che sfortunatamente è stata divisa in piccole parti e chiusa in piccole scatole? [3]

La Consapevolezza non è mai stata in quelle teste laggiù: esse sono contenute nella Consapevolezza. La Consapevolezza non è una cosa da dividere e da ripartire tra quelle cose là fuori. Essa è l'unica prerogativa, l'Essenza infinita della 1a Persona singolare, tempo presente, e immaginare che si celi nelle 3e persone come tale è tanto comune quanto assurdo, e tanto assurdo quanto angosciante.

(e) Il linguaggio contamina gli oggetti non umani

Prendete la frase 'Quegli alberi sono belli (salutari/utili/ interessanti…)'. Ecco di nuovo una frase segmentaria che ne implica una radiale: per cui la frase completa sarebbe 'Io vedo (sento/penso/ credo…) che essi sono belli, ecc.'. In pratica, trovo che quando ignoro questa componente radiale – quando sono coinvolto in un guardare in una sola direzione e tralascio questa 1a Persona – inevitabilmente ipotizzo di essere una cosa qui che si relaziona con una cosa là – invece di contenerla, mi metto a confronto, limitato dalla stessa, forse anche spaventato dalla stessa. Certamente non sono aperto nei suoi confronti; non sono in grado di vederla con chiarezza, senza distorsioni, semplicemente così come si presenta. Ma quando, avendo visto me stesso come Non-cosa riempita da quella cosa, io divento lei, la vedo così com'è. Quando, ingannato dal linguaggio, penso di essere nel mondo, sono accecato dal mondo; ma quando, riprendendo i sensi, vedo che il mondo è in me, allora la vedo realmente.

(f) Conclusione

La SCIENZA-3 ha ereditato il linguaggio del senso comune, che è il linguaggio dell'immaginazione. Esso è l'arma più efficace della società per sopprimere la – sempre pericolosa – 1a Persona. Una delle funzioni pratiche principali della SCIENZA-1 è quella di vedere attraverso l'integrata duplicità del linguaggio così come lo usiamo ora e riorganizzarlo nell'interesse non più delle finzioni sociali ormai logore, ma di quello che viene realmente dato. Invece di adattare i fatti al linguaggio, il linguaggio deve essere adattato ai fatti.

Debitamente spiegato, ciò che inganna è ciò che illumina. In questo Capitolo abbiamo usato il linguaggio per esporre la sua ambivalenza e riabilitare lo stato della 1a Persona. A questo scopo, come abbiamo notato nel capitolo 17, esso si presta già molto bene. A servizio della SCIENZA-1 si mostra onesto tanto quanto, a servizio della SCIENZA-3 e del senso comune, si è dimostrato corrotto.

1. ECKHART: *1 La parola SUM, IO SONO, non può essere pronunciata da nessuna creatura, ma solamente da Dio.* DEVIKALOTTARA: *Io sono il solo. Io sono il Supremo Brahman... Tale è la convinzione radicata del Mukta. Qualsiasi altra esperienza conduce alla schiavitù.*

2. SANKARA: *2 Avendo riconosciuto il suo Sé reale come spazio, il Saggio, senza attaccamenti e desideri, non si aggrappa a nulla.*

3. PAI-YUN: *3 Dove gli altri si soffermano, io non mi soffermo...Dove gli altri vanno io non vado. Questo non significa che io mi rifiuto di unirmi alle altre persone, ma che nero e bianco si devono distinguere.*

EUGEN HERRIGEL: *Quello che allora sperimentate riguardo al vostro stesso sé non viene trasferito per analogia agli altri sé, ancor meno alle cose; anche tutte le altre forme sono sperimentate direttamente dall'Origine.*

47

19: LA SCIENZA-1 NON E' MAI NOIOSA

Sarebbe naturale aspettarsi che, una volta fatta e testata la scoperta di base, questa poi perdesse di interesse. Che cosa potrebbe essere più noioso della visione del Vuoto assoluto, a meno che quella visione non venga ripetuta senza sosta finché non abbia riempito o svuotato l'intera vita? Almeno le scoperte della SCIENZA-3 offrono qualcosa da mordere; almeno esse mostrano qualche contenuto – anche se quel contenuto è spesso poco allettante, magro e astratto, e diventa rapidamente meno eccitante man mano che l'entusiasmo iniziale svanisce.

Uno dei paradossi di questa Vacuità è come, benché eternamente la stessa, più viene notata e più diventa intrigante, sorprendente, bella, preziosa. Qui, e solo qui, la familiarità genera rispetto, devozione, reverenza. Non si tratta di una questione teorica ma di osservazione, ognuno per conto suo. Ma la relazione coerente è che ogni cosa – quando viene presa singolarmente – presto o tardi diventa sempre più spenta e noiosa, mentre la Non-cosa dalla quale proviene non perde mai la sua brillantezza. Né questa è la fine della storia. La sorprendente gioiosa sequela è questa: tutte queste cose emergenti, così stancanti di per se stesse, quando vengono viste nel solo modo in cui possono essere realmente viste, dalla stazione della loro Origine, vengono immerse nella luce di quell'Origine; hanno il sapore rinfrescante di quella Sorgente; hanno il profumo della loro terra natia, il Paese della Luce Eterna. Per cui accade che, mentre la SCIENZA-3 corrisponde a un lavoro spesso difficile e deludente e triste, la SCIENZA-1 corrisponde a un lavoro semplice, gratificante e affascinante – e non è per niente un grande lavoro, ma godimento e riposo.

E naturalmente è oltremodo appropriato che la Vacuità possa affascinare in questo modo, che possa dimostrare quell'ossessione che mette fine a tutte le ossessioni. Effettivamente, non potrebbe essere più chiaro – ma che magica Chiarezza piena di risorse è questa! Da questa Luce bianca si irradia all'infinito il favoloso caleidoscopio dell'universo, da questo cilindro infra-microscopico vengono fuori tutti gli oggetti di scena e tutti gli attori che vanno e vengono sul palcoscenico del mondo. Che bello sarebbe se questa fantastica Cornucopia fosse viva di per se stessa, e quanto è vero che la sua stessa Consapevolezza del Sé in me non perderà mai il suo fascino! Per il meritato interesse, per la reale preziosità, che cosa al mondo può paragonarsi al Posto dal quale tutto questo proviene? Se questa 1a Persona ha qualcosa da lamentarsi, sicuramente riguarda il fatto che i prodotti che escono da lì non sono sufficientemente noiosi, e che e il loro squallore si manifesta così lentamente per poterci riportare indietro al Produttore Primario, qui. [1]

1. ERIGENA: *Ogni creatura visibile e invisibile è una teofania, o un'apparenza di Dio.*

GAMPOPA: *E' una grande gioia realizzare che la Natura Fondamentale è priva di qualità.*

TE-SHAN: *Il Vuoto funziona misteriosamente. La Vacuità fa i miracoli.*

20: LA SCIENZA-1 E' DISINTERESSATA

Nella sua forma migliore, la SCIENZA-3 porta fuori il meglio da un uomo – umiltà di fronte all'evidenza, reverenza per la verità anche se allarmante o improbabile, pazienza instancabile e dedizione, distacco dai risultati, da tutti i guadagni o da tutte le perdite. [1] Ma naturalmente la SCIENZA-3 è raramente così disinteressata e lo SCIENZIATO-3 mai. Egli ha il suo lavoro, la sua reputazione, la sua famiglia a cui pensare. E' la SCIENZA-1 che perfeziona le virtù della SCIENZA-3. In effetti la vera natura del suo materiale assicura che la SCIENZA-1 sia totalmente disinteressata, senza avere gli occhi puntati sul successo – sia che questo successo sia materiale, psicologico o spirituale. (E in particolare l'ultimo; la più efficace barriera all'Illuminazione è la religione stessa, la nostra spirituale avidità.) Non si guadagna niente dal Niente. La SCIENZA-1 funziona solo fino a quando si porta attenzione, senza concetti o ulteriori motivazioni (o proprio nessuna motivazione), all'assolutamente semplice Riferimento qui presente in tutta la sua povertà e senza nessuna promessa di una ricompensa. Non fa nessuna differenza che, paradossalmente, questa Povertà produca infinita ricchezza. L'Assenza deve essere accettata come assenza, non come la presenza di una miniera d'oro ben concepita. L'oro verrà fuori, d'accordo, ma non ricercandolo, a tempo debito e sotto un'imprevedibile forma.

Contrariamente alla SCIENZA-1, la SCIENZA-3 ha sempre problemi di ripartizione delle sue limitate risorse tra la pura ricerca e le sue applicazioni pratiche. La verità e l'utilità – la ricerca distaccata per la conoscenza da un lato e il personale e sociale sfruttamento di quella conoscenza dall'altro – non sono facilmente riconciliate, o non a lungo. La SCIENZA-1, d'altro canto, non ha tale problema. E' pura scienza. In effetti, è l'unica disciplina che non cerca nessun profitto – né per lo stesso scienziato, né per la nazione, né per il mondo.

1. WILLIAM JAMES: *Se uno si volge verso il magnificente edificio delle scienze fisiche, vede come è cresciuto; quante migliaia di vite umane, prive di interesse morale, sono sepolte nelle sue stesse fondamenta; che pazienza e posticipazione, che soffocamento di preferenze, che sottomissioni a leggi congelate di fatti esterni sono state compiute e presenti nelle sue stesse pietre e calce; in che modo assolutamente impersonale sta nella sua vasta maestosità – e anche quanto stupefacente e spregevole appare ogni piccolo sentimentalista che arriva soffiando volontariamente i suoi cerchi di fumo e che pretende di decidere cose partendo dal suo sogno privato!*

51

21: LA SCIENZA-1 E' FERTILE

Un segno di scoperte realmente importanti della SCIENZA-3 è che esse si espandono dal loro campo di origine in quelli dei vicini, fertilizzando anch'essi. (Il paradigma è l'idea di Evoluzione, che si diffonde velocemente dalla botanica alla zoologia entro molte altre discipline, a loro grande beneficio.) A prima vista, ciò che la SCIENZA-1 scopre – il Vuoto - deve essere vuoto di ogni cosa di valore per la SCIENZA-3. In effetti, nonostante ciò, la SCIENZA-3 ha un immenso debito nei confronti della SCIENZA-1. Questo debito ne include uno di tipo veramente specifico. La SCIENZA-3 si basa sulla matematica – una matematica che si basa su Zero o *Sunya,* che a sua volta non è nient'altro che il Vuoto, che è l'obiettivo della meditazione Orientale. I filosofi islamici lo hanno appreso dai saggi indiani. E ora, non stiamo cominciando a trovare qui nell'Occidente, tra i benefici non cercati e inaspettati che procedono dall'esperienza di questo stesso Vuoto irragionevole (vale a dire la 1a Persona), tutte le avventure della mente, tutta la fecondità intellettuale che potremmo ragionevolmente chiedere? In particolare, non abbiamo qui la soluzione di quei problemi perenni che la SCIENZA-3 e il senso comune stanno da sempre ponendo ma che non possono risolvere? Qui, in questa sede, stiamo solo cercando di esplorare l'ispirazione che può fluire dalla 1a Persona consapevole.

E sicuramente c'è solo da aspettarsi che, finché continuo a fabbricare qui questa centrale ostruzione, questa testa simile a una noce, questa palla o massa informe, che serve da nucleo del mio universo, allora non solo sono rigido e senza scrupoli, ma anche denso e mentalmente ristretto, la mia visione è bloccata, la mia comprensione offuscata e oscurata, la mia visione del mondo distorta. Con un simile bastone tra le ruote, è proprio un miracolo che le cose funzionino. E dall'altro lato, quando dissolvo questa massa immaginaria guardando Chi c'è realmente qui, allora ci si può solo aspettare che l'universo posto a una certa distanza intorno a questa Chiarezza (o meglio, dentro di essa) sia esso stesso illuminato e riportato al suo ordine natio. Ostinarsi nell'errore (e avere una testa qui è errato) riguardo al fatto centrale del mio mondo è sbagliarsi anche riguardo a tutto il resto. Aspettarsi altrimenti (come se si potesse essere sani fuori e matti dentro) è come aspettarsi che un orologio funzioni senza la carica, che un albero fiorisca senza radici, che una lampada si accenda senza stoppino o olio. Che strano che il punto nell'universo che avevo sistematicamente trascurato risulti essere il Punto che conta, più che la Terra santa che è, precisamente, la Soluzione di tutti i problemi e la Fonte di tutta la creazione! [1]

Né si può dire della SCIENZA-1 che essa risolva vecchi puzzle senza generare nessun interesse in quelli nuovi, che essa non ispiri nessun programma di ricerca e scoperta nel campo oggettivo della SCIENZA-3, e che almeno in questo senso sia sterile.

Proprio l'inverso: ecco aprirsi ora una serie di problemi che richiedono investigazione attraverso mezzi scientifici tradizionali. Per esempio, si è notato che mentre un soggetto sta vedendo dentro la sua Vacuità è probabile che le sue pulsazioni rallentino, che il suo respiro sia più leggero e lento (talvolta quasi impercettibile), che i suoi muscoli siano più rilassati, che i suoi sensi siano più acuti, che la sua produttività aumenti in quantità e qualità, che la sua concentrazione sia più sostenuta, la sua comunicazione con gli altri più facile, la sua timidezza e altri sintomi patologici vengano ridotti se non eliminati. Ci sono delle prove, tramite l'encefalografia, che gli impulsi elettrici del cervello vengono modificati di molto. Ciò deve essere ancora esplorato in molti modi, vedere chiaramente ciò che siamo centralmente fa una grande differenza rispetto a ciò che siamo in periferia. Certamente possiamo dire, allora, che la magnifica fertilità della SCIENZA-1 si estende di gran lunga dentro la SCIENZA-3.

Ma tutto questo sono noccioline, in confronto al ruolo ispirante della SCIENZA-1. Brevemente, funziona come segue: la Scienza e le sue applicazioni hanno due modi contrastanti di progredire – con una successione di piccoli passi e con dei salti occasionali. Vale a dire: con miglioramenti graduali di idee e apparecchiature esistenti, alternate a nuove invenzioni. Il suo pensiero è principalmente graduale e non sorprendente o lineare, e occasionalmente improvviso o laterale. [2] Lo sviluppo della barca a vela nel corso di migliaia di anni, da un trabaccolo a un solo albero a vela quadra fino alla banca a quattro alberi o goletta, fu il prodotto di un pensiero lineare. Mentre il salto dalla barca a vela a un battello a ruota, a una nave ad elica, a un hovercraft, fu per ogni caso il prodotto di un pensiero laterale. *Il pensiero laterale è compito della SCIENZA-1, il pensiero lineare è compito della SCIENZA-3. Ed entrambi sono compito vostro e mio.*

Per ogni cosa nuova che si presenta la vecchia deve andarsene, e la SCIENZA-1 è sempre nuova, ricomincia sempre daccapo. Una vasta apertura priva di preconcetti, che coglie le idee, imprevedibile e fresca rugiada, proveniente dal nulla – questa è la specialità, la competenza, la caratteristica, la vera linfa vitale della SCIENZA-1. Non ha allori sui quali dormire, nessun enunciato da dimostrare, nessuna opinione da difendere, In effetti, non c'è nessun passato, in totale contrasto con la SCIENZA-3. A questo proposito esse non possono essere più differenti e più complementari. Una fornisce l'ispirazione, l'altra la perspirazione che nessuno di noi può permettersi di non avere.

1. TAI-HUI: *La preziosa spada Vajira è proprio qui e il suo scopo è tagliare la testa.*

RUMI: *Tagliatevi la testa da soli!*

ATTAR: *Puoi scegliere una di queste due cose – o la decapitazione o l'andare in esilio...Colui che Mi ama, ma ama di più la sua testa, non ama davvero.*

HAFIZ: *Che bello è il cammino dell'amore, dove colui che è senza testa viene esaltato!*

2. Sono grato alle opere di Edward De Bono per questa utile terminologia.

22: IL TUNNEL: LA SCIENZA-1 DETERMINA LA MIA IMMORTALITA'

Oggigiorno, grazie ai prodigi delle cure intensive, sempre più pazienti che erano quasi morti (alcuni dei quali erano stati dichiarati "clinicamente morti") hanno ripreso a vivere raccontando la loro storia. Essa si rivela essere una storia sorprendentemente sistematica e positiva, le cui caratteristiche principali sono le seguenti. Il paziente si ritrova collocato a una distanza di pochi metri dal corpo sofferente, sorvegliandolo con distacco. Poi, egli viene sospinto attraverso un buio tunnel verso una Luce che risplende in fondo ad esso. Quando raggiunge quella Luce egli scopre che essa è di una brillantezza incomparabile ma non abbagliante. Può scoprire di essersi unito a quella Luce che, ben lungi dall'essere puramente fisica, è più simile a una coscienza e a un'Entità accogliente. Se questa Entità è riconosciuta come Dio, o Cristo, o qualche altro Essere Divino, o come la Luce della Consapevolezza Stessa, dipende (non sorprende) dai credi e dalle aspettative del paziente. Alla fine, dal momento della sua guarigione e del suo ritorno alla vita, egli scopre che la sua paura della morte è di molto diminuita, o se ne è andata del tutto.

Ci sono molte elaborazioni minori e variazioni dell'esperienza di premorte. Non ci sono due NDE che siano uguali. Ciò nonostante ci sono tre principali ingredienti – la distanza, il tunnel e la Luce alla fine di esso – sono la norma alla quale voi ed io possiamo guardare con fiducia.

Sì, questa grande quantità di prove in forte crescita riguardante il periodo di premorte è, diciamo, perlomeno incoraggiante. Solamente un disfattista o un guastafeste, uno incline all'autodistruzione potrebbe liquidarlo come privo di qualsiasi interesse. Ciò nonostante, tutte queste prove sono aneddotiche, una questione di sentito dire. Tranne che non abbia intenzione di anticipare la sua stessa morte cercando seriamente di suicidarsi, lo SCIENZIATO-3 non può in alcun modo verificarlo. E anche se potesse deliberatamente raggiungere il suo stato di NDE e di sopravvivere all'esperienza, questa rimarrebbe un'esperienza vicina alla morte – e qui un'esperienza vicina alla morte non è meglio di anni luce fuori bersaglio. Egli non avrebbe ancora mezzi per conoscere che cosa potrebbe essere *una completa* Esperienza di Morte: nessun mezzo per controllare se questa così decantata NDE non sia nient'altro che un breve stadio di soddisfazione di un desiderio o un lasciarsi andare all'ultimo minuto sulla strada della totale estinzione. Dopo tutto, nessuno di questi pazienti che stavano per morire sono veramente morti e poi ritornati dal lato lontano della morte per raccontare la loro storia.

Non mi stupisce, quindi, che lo SCIENZIATO-3 sia riluttante ad accettare lo stato di NDE come prova riguardo alla sua stessa esperienza al sopravvenire alla morte Non ci sono prove che forniscano una speranza certa di immortalità. Come scienziato, egli non può prenderle seriamente come, nella sua sfera privata e personale, desidererebbe fare.

Qui è dove arriva in soccorso la SCIENZA-1 – entrando e passando attraverso la morte. E questo, inoltre, lo fa proprio ora, nel pieno della nostra vita, per mezzo di un semplice esperimento che può essere ripetuto in qualsiasi luogo, da qualsiasi persona, in qualsiasi tempo.

57

Infatti, vi chiedo di ripetere, proprio ora, l'esperimento del tunnel che vi era stato richiesto di fare nel Prologo, ma questa volta in modo più totale.

Aprite nuovamente il tunnel in questo modo:

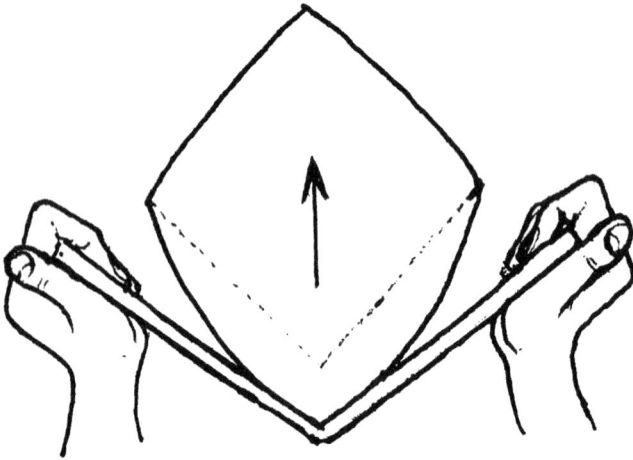

Inserite la vostra faccia dentro un lato, mantenete l'altro lato sullo specchio del vostro bagno, *e credete in quello che vedete là dentro.*

Osservate, da un lato, voi stessi come 3a persona, in mostra come occhi, naso, guance, e così via, appartenenti a un fin troppo che normale essere umano. Tutto più che normale, non manca *niente.*

Ora spostate la vostra attenzione all'altro lato del tunnel, dove manca *tutto,* verso voi stessi come 1a Persona, in mostra qui come Vacuità consapevole.

Evidentemente questa è ora la *vostra* estremità del tunnel, il lato vicino dove c'è chi vede, mentre il lato lontano è dove c'è chi viene visto. E evidentemente qui dal lato vicino non c'è nulla di voi, e voi siete più morti della più morta borchia su una porta. Proprio qui, come 1a Persona, voi mancate di ogni cosa, inclusa la vita, la forma, la sostanza, il cambiamento tutte le cose che riguardano il tempo. E proprio perché siete vuoti di tutto questo, siete vuoti anche per accoglierlo. Voi svanite consapevolmente in favore di qualsiasi cosa si offra. Morendo al vostro unico sé e vivendo come tutti gli altri, tutta la vita è vostra e voi passate attraverso la morte alla vita eterna.

Fatemelo dire in termini meno paradossici e più terra a terra. Ciò che apparite essere dipende dalla distanza del vostro osservatore. Così a una distanza di 16 pollici (40 cm), laggiù dal lato lontano del tunnel, voi siete in mostra come un essere umano mortale: mentre alla distanza di 0 pollici, dal vostro lato del tunnel, voi siete in mostra come Niente di questo tipo, o di qualsiasi altro tipo.

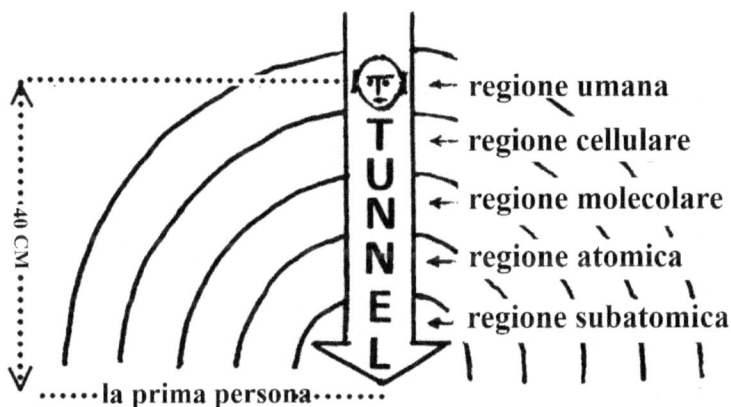

Per quanto riguarda gli stadi intermedi tra 16 e 0 pollici – regioni in cui figurate progressivamente come cellulari, molecolari, atomici e sub-atomici, il nostro tunnel fa quello che per cui sono fatti i tunnel. Li perfora tutti, a prescindere, e arriva alla Non-cosa che è consapevole di se stessa al di là di tutti. Arriva alla Realtà Centrale che sta dando vita a quelle apparenze regionali, alla Luce della Consapevolezza Che le illumina, (in breve) alla 1a Persona Singolare, Tempo Presente.

I racconti di altre persone, del loro viaggio, attraverso il tunnel della Provvidenza, per raggiungere quella Luce immortale, mi *incoraggiano* a credere nella mia stessa immortalità. Ma questo è il mio racconto, il mio viaggio, ora, attraverso quest'altro tunnel, veramente fino alla stessa Luce che rende stabile quel credo su una ferma base empirica.

Prese insieme, le due storie convincono. Potete descriverle come complementari. In effetti, il nostro tunnel ha alcuni eccezionali vantaggi: benché fatto di carta, esso è ben ideato. E' molto meno costoso, meglio illuminato, più tranquillo (il tunnel del NDE è spesso rumoroso), e perfettamente indolore e ci porta ogni volta completamente attraverso la morte per uscire dall'altra parte. Soprattutto, ci permette di fare questo vero e proprio e cruciale viaggio – il viaggio verso Casa – a richiesta secondo l'occasione, in pace e liberi dalle pressioni e dalle ansie del letto di morte. Per cui, diciamo, ora fate i compiti per Casa, ora, e non vi troverete sul letto di morte impreparati e incapaci di godere completamente delle sue impareggiabili benedizioni. Proseguite il vostro viaggio di ritorno nel posto che non avete realmente mai lasciato e "non avrete per più a lungo bisogno di tremare per il vostro corpo, vedendo che non siete assenti da lui solo per un'ora ma che siete sempre da un'altra parte." – E' una citazione di Rumi quella che sto facendo. - "Dove siete e dov'è il corpo? Voi siete in una vallata e il corpo in un'altra. Questo corpo è una grande falsità, un grande inganno."

Proprio qui, allora, c'è la Luce Divina-che-io-sono che illumina laggiù la faccia umana-che-io-ho. Ma questa è solo una delle mie facce. Ne ho altre, forse più belle e certamente più luminose, probabilmente molto meno malconce, ed ogni pezzo è indispensabile.

Per esempio, quando tiro fuori un braccio più lungo, un vero braccio telescopico fino a raggiungere la Luna (con il mio specchio lunare alla sua estremità invece dello specchio del mio bagno) che cosa troverò in esso se non la mia faccia terrestre – bianca, blu e marrone e meravigliosa, in continuo cambiamento, di lunga vita, la quale in ogni caso sta invecchiando ed è destinata a morire?

E, naturalmente, questa non è né la fine della storia né quella del tunnel. Estendendo il mio braccio telescopico ancora più lontano, trovo nel suo specchio la mia faccia solare, quella stella circondata da pianeti. Essa è molto affascinante e brillante e di lunga vita, ma nuovamente non per sempre. E perfino al di là di questo c'è la mia faccia galattica, quell'universo a forma di isola a spirale, la quale è ancora, naturalmente, una cosa materiale, e a tempo debito tutte le cose materiali periscono. Solo l'Uno Senza Tempo, al quale appartengono queste molteplici facce, sopravvive a loro. Poiché questo Uno sono io stesso come 1a Persona, io sono il cuore della materia e tutte le materie, la vera vita e l'anima di tutto il gruppo cosmico, e tutte le sue facce luminose sono le mie stesse facce.[1]

Nota Storica

Il nostro tunnel di carta è stato creato in autonomia durante un seminario di un fine settimana, tenutosi a Toronto nel 1971, alcuni anni prima che sentissi parlare, in *Life After Death* del Dr. Moody (1975), del tunnel NDE. Esso ebbe inizio come un sacchetto della spazzatura troncato. Da allora, i miei amici ed io stiamo portando i tunnel di carta in giro per il mondo. Decine di migliaia di persone ci sono entrate dentro e hanno visto e vissuto – pur brevemente – quello che non può morire dal lato più vicino. E una parte relativamente piccola ma significativa di loro ora vive in modo consapevole, contro tutti i pronostici, da e per quella Luce eterna.

Dei nostri venticinque sistemi o giù di lì per svelare la Luce, il tunnel di carta si è dimostrato essere il più potente. Sto cercando di vedere perché. Si dà il caso che sia un tunnel la messa in scena scelta dall'Onnipotente per rivelare Se Stesso al momento della nostra morte. In questo caso, quale messa in scena potrebbe essere meglio della nostra versione precisamente dello stesso sistema per rivelarLo tutti i giorni della nostra vita?

Certamente Lui non lo disprezza. Che questa volta l'Altissimo possa degnarsi di nascere, non da un tunnel e in una mangiatoia, ma da un vecchio sacchetto per la spazzatura canadese, testimonia ancora il suo senso dell'umorismo, la sua umiltà, la sua benevolenza e la sua misericordia. *La potenza e la gloria dei Cieli sono quel tipo di potere, quel tipo di gloria!* E due pagine consecutive in qualsiasi libro tra i milioni di libri di teologia e metafisica della British Library (la Biblioteca Nazionale del Regno Unito), unite insieme da un nastro adesivo a formare un mini tunnel, hanno da dirmi molto di più riguardo a Lui, e a me stesso, e alla natura della Realtà, e a ciò che sono realmente la Vita e la Morte, di tutto quell'ammasso di volumi messi insieme.

1. PLOTINUS: *Rimuovi (ciò che è estraneo), poi guarda. O piuttosto, lascia che un uomo prima purifichi se stesso, poi osserva: egli non dubiterà della sua immortalità dal momento che vede se stesso così dentro il Puro, l'Intellettivo.*

Fino a che livello è possibile il distacco dal corpo? Distacco significa semplicemente che l'anima ritorna al suo posto.

BUDDHA: *Non potete entrandoci raggiungere quel posto dentro il quale non c'è nessuna nascita, nessun invecchiare, nessuna decadenza, nessun fallimento, nessun risollevarsi di nuovo e rinascere. Non potete* entrandoci *arrivare in un posto tale.*

DOGEN: *Il saggio lascia la vita e la morte alla mente, li lascia al corpo.*

RABBI BUNUM OF PZHYSHA: *Ognuno deve avere due tasche, di modo che possa entrare in una o nell'altra a seconda delle sue necessità. Nella sua tasca destra ci devono essere le parole "Per la mia salvezza è stato creato il mondo", e nella sinistra, "Io sono polvere e cenere".* (In altre parole, la tasca destra è la Luce da un lato del tunnel e la tasca sinistra è ciò essa illumina dall'altro lato.)

23: LA SCIENZA-1 MI METTE IN CONTATTO CON IL MONDO ESTERNO

In realtà la SCIENZA-3 ha bisogno della SCIENZA-1: essa si mette in certi pasticci che solamente la SCIENZA-1 può sistemare. Un esempio notevole è il problema della mia conoscenza del mondo esterno. Come, secondo la SCIENZA-3, sono ora in grado di vedere queste parole, di sentire il fruscio della carta mentre giro le pagine, di percepire la morbidezza e il calore della stanza, di sentire il profumo di questi fiori, di gustare questa tazza di tè? Ridotta all'essenziale, la risposta ufficiale è che la superficie del mio corpo è provvista di speciali recettori sensibili a una varietà di moti ondulatori e altri stimoli; e questi recettori (alcuni localizzati negli occhi, nel naso e nella lingua, altri distribuiti sulla mia pelle) traducono gli stimoli esterni in messaggi codice che sono poi trasmessi tramite le fibre nervose a una certa regione del mio cervello; e io non esperimento nulla del mondo esterno finché questi messaggi convergenti non arrivano qui al loro capolinea. In realtà, quindi, tutto quello che io conosco è la condizione del mio cervello, il comportamento di una serie di particelle nella mia testa. Il resto è interferenza, un lungo sparo nel buio.

Così come viene presentata, questa storia non ha senso. Prima di tutto fa l'opposto di quello che dovrebbe fare, e spiega come io non posso conoscere nulla del mondo esterno! Ci sono tutte le possibilità che quello che appare fuori dalla mia testa – supponendo che ci sia una testa e un fuori – sia enormemente differente da ciò che trovo dentro; e, comunque, non c'è modo di dirlo. Queste parole e questa pagina e questa mano, la faccia che vedo nel mio specchio, gli amici intorno a me – il mondo stesso – sono, per quello che posso dire, fino a prova contraria, un sogno privato. In secondo luogo, l'intera storia raccontatami dallo SCIENZIATO-3 – la sua storia di onde luminose che arrivano dal Sole e onde sonore che viaggiano nell'atmosfera terrestre, di occhi e orecchie, fibre nervose, cervello e tutto il resto – è di per se stessa parte del sogno e non più valida di qualsiasi altra parte; questo perché egli può difficilmente abolire il mondo che io percepisco mentre lascia intatte queste porzioni che (egli afferma) mi mettono in grado di percepirlo! In terzo luogo, la sua storia non è solamente auto-invalidante ma incredibile. Io non posso proprio credere che questa carta di un bianco brillante e questa agile mano, questi fiori di Primavera e il loro delizioso profumo, questo tè e il suo gusto delicato, stanno accadendo in qualcosa del tipo una palla di carne o una lattina di carne in scatola; e che il mio gatto, che sembra sia seduto laggiù al sole, sia in realtà seduto qui nella mia testa. In quarto luogo, la sua storia non cerca nemmeno di spiegare come il mio vasto mondo possa rinchiudersi dentro una piccola parte di se stesso senza ridurne una ed estendere l'altra – una compressione più improbabile e un trucco più magico dell'imprigionare un uomo di 1,80 mt. nell'unghia del suo alluce, un palazzo in uno dei suoi mattoni, o la lunghezza e la larghezza dell'Inghilterra nella Colonna di Nelson, senza provocare nessun danno ad entrambi.

Ad ogni modo, poi, questa storia della SCIENZA-3 è talmente assurda da non poter passare neanche come finzione scientifica, e certamente troppo fantastica per qualsiasi scienziato che se ne occupi tranne che nel corso del suo lavoro professionale. Comparati con questo mito moderno, quelli degli uomini primitivi sono eminentemente razionali. E nonostante ciò – per completare la mia meraviglia – la SCIENZA-3 insiste che tutto questo è vero e documentato tutto il giorno e tutti i giorni in sale, operatori e laboratori e da qualsiasi altra parte!

La SCIENZA-1 racconta una storia completamente differente, la quale non solo è auto-consistente e convincente, ma dà anche un senso alla storia della SCIENZA-3; e questo lo fa, come sempre, rimuovendo la confusione tra la 1a Persona e la 3a. La sua storia – che è la mia stessa storia, la scoperta momento-per momento di questa 1a Persona singolare – è quella che non c'è nessun occhio qui con cui vedere le cose, nessun orecchio con cui sentire i suoni, nessun naso e nessuna lingua con cui sentire gli odori e assaggiare, nessun cervello qui con cui ricevere messaggi o pensare. In questo istante non c'è Nulla dal lato di queste parole, di questa carta, di queste mani, di quei fiori, di quel gatto; Nulla che intralci il loro cammino; Niente qui per registrare o processare o trasmettere informazioni che li riguardano; nessun vedente o visione ma solamente queste forme colorate in movimento; nessun ascoltatore o ascolto ma solamente questi suoni; nessuno che annusi, nessun assaggiatore, nessuno che percepisca, nessun sperimentatore, pensatore, ma solamente questi odori e gusti e materiali, e questi pensieri che li riguardano. Il tutto è dato nell'immediatezza, semplicemente presente; è proprio così com'è, dov'è, senza interferenze. O – per metterla in un altro modo – solo nell'*Assenza* di occhi, orecchie, naso, lingua, cervello, accade il vedere, l'udire, l'odorare e il gustare e persino una particella o un'ombra di un organo ricevente sarebbe abbastanza per oscurarli. Quella che viene chiamata esperienza sensoriale accade, non dentro e a un corpo finito, ma dentro e a questa Vacuità infinita che sono io espanso, io stesso come lo sono per me.[1] Questo è il modo in cui si manifesta l'universo – tutto opportunamente esposto in questa 1a Persona. Non sono io a vivere nel mondo, è lui che vive in me; e non vive in nessuna gabbia nella testa, ma fuori in libertà. Luminoso, energico, sfilando i suoi colori, mettendosi in mostra rumorosamente e divertendosi allegramente in questo immenso parco giochi che io gli fornisco.

In realtà, ora l'immaginato centro è caduto fuori dalla mia vita, io sono sia il parco giochi che ogni cosa presente in esso, l'intero mondo così come appare. Come, allora, posso avere dei problemi a entrare in contatto con lui? Per la 1a Persona non c'è nessun mondo esterno.

La 3a persona, dall'altro lato, vive nel mondo, è una piccola cosa circondata da e fortificata contro una grande cosa e di conseguenza qui nascono tutti gli importanti problemi di comunicazione tra loro. La SCIENZA-3, investigando su questo problema, mette insieme i pezzi della sua storia di stimoli che arrivano dal mondo esterno – il che si applica totalmente e perfettamente alla 3a persona. Per essa non è un rendersi conto di come si esperimenta il mondo (come 3a persona, non lo fa) ma di come ci si connette con il mondo, un racconto di cose imperscrutabili, di oggetti o fenomeni, di catene di casualità fisiche in entrata e in uscita che non vengono da nessuna parte interrotte da nessuna irrilevanza imperscrutabile come 'la conoscenza del mondo esterno'. Rettificato questo, la storia della SCIENZA-3 è consistente in teoria tanto quanto è indispensabile in pratica. *Falsa come descrizione di come questa 1a Persona è cosciente del mondo esterno, è vera come descrizione di come quella 3a persona viene modificata da e regolata rispetto al mondo esterno.*

Inoltre, poi, la SCIENZA-1 corregge la SCIENZA-3 facendo un passo in più, spingendola oltre se stessa verso la sua inevitabile conclusione. La SCIENZA-3 va avanti a ridurre la mia testa a Niente – un Niente che esplode in Vastità. E questa Vastità è abitata da miriadi di 3e persone le cui teste sono tutte semplici teste, senza nessun pericolo di essere riempite dal mondo, e pertanto semplici oggetti da studiare da parte della SCIENZA-3.

1. BRIHADARANYAKA UPANISHAD: *Non c'è nessun vedente tranne Lui, nessun altro da ascoltare tranne Lui, nessun altro pensatore, nessun altro consapevole tranne Lui.*
BANKEI: *E' il Mai Nato che vede e sente.*
AL-ARABI: *Solamente Dio vede e sente.*
LIEH-TZU: *Io guardo e ascolto senza usare occhi e orecchie.*

24: LA SCIENZA-1 E' ULTRA-SCETTICA

La SCIENZA-3 è un grande esorcista e smascheratore, l'implacabile nemico della superstizione e delle irrazionali paure che l'accompagnano. Tutto il suo progresso è stato conquistato, a dispetto dell'accanito risentimento, a spese di queste credenze infondate che corrispondono semplicemente al senso comune della loro epoca e non così santificate come ovvie. E' stato il lavoro di molti secoli a scongiurare, per esempio, entità mistiche come gli dei che producevano il movimento delle Stelle e gli angeli supervisori della Natura, un Cosmocrate e le sue Leggi della Natura, la Gravità e la Levitazione, il Flogisto, gli Spiriti Animali, la Forza della Vita ecc. con il risultato che l'universo della SCIENZA-3 ora è relativamente non infestato.

Relativamente – perché la SCIENZA-3 non è in nessun modo un esorcista cosmico coerente. E' vero che, poiché la SCIENZA-3 è strettamente scientifica, non tiene conto di tali entità fantasma come la Vita, la Mente e la Consapevolezza, ma le sue branche meno esatte non possono facilmente ignorarle. E in ogni caso ci rimane il presupposto di base, il credo fuori discussione: "Io credo in altre menti, o in una pluralità di spiriti, o nelle consapevolezze". Qualunque sia la sua attitudine professionale, l'opinione privata dello SCIENZIATO-3 è che ogni forma umana con la quale si mette a confronto ha, appostata nella sua parte superiore, una spia (o elfo o un folletto o una fata o spettro di qualche tipo) che scruta verso l'eterno attraverso due piccole finestre in un modo più o meno minaccioso. Anche se il mondo per lui ora si è spopolato dai vari spiriti liberi e divinità minori, questi esseri imprigionati rimangono, e sono accusati di tutte le vecchie minacce e promesse – ma specialmente dalle minacce. In realtà essi fanno in modo che i loro reliquiari – che sono le teste delle persone – siano talmente posseduti, talmente soprannaturali, privilegiati e disturbanti che queste sfere capellute (curiosamente perforate e gommate) costituiscano una classe veramente speciale di cose, che non vengano trattati come tutte le ordinarie masse di materia. Lo SCIENZIATO-3 può ben negare di intrattenersi con qualcuna di queste superstizioni, ma il suo comportamento in presenza di questi peculiari oggetti – che va dal leggero disturbo all'acuto imbarazzo – lo fa andare via. In particolare, potrebbe trovare piuttosto insostenibile lo sguardo fermo e limpido del bambino piccolo e del vedente simile al bambino.

La SCIENZA-3 combatte le superstizioni; la SCIENZA-1 le vince. Lo fa esorcizzando dall'universo oggettivo *ogni* spiritello e fantasma rimanente, e in particolare quelli estremi che tormentano le teste umane e le teste di alcuni degli animali più elevati. Perché lo SCIENZIATO-1, quando viene messo a confronto con la faccia dal lato lontano del tunnel, o qualsiasi altra faccia, vede la totale asimmetria di quell'assetto e prende seriamente ciò che vede. Da questo lato vicino c'è la Vacuità priva di materia (chiamatela Mente o Consapevolezza o Spirito o come volete) e dal lato lontano il suo contenuto di forme colorate e in movimento (chiamatele materia o corpo o cosa o ciò che volete). Ad ogni modo, la Vacuità qui è immacolata, semplice, indivisibile, non duale, infinita; e il suo contenuto là è proprio l'opposto sotto tutti gli aspetti. Entrambi i lati devono essere presi esattamente così come sono – tutta la 'mente' del mondo qui e tutta la 'materia' là, senza contrattazioni o compromessi. Questo non significa che io nego la Vacuità (o Consapevolezza) ma che la trovo solamente qui, dal mio lato della vostra faccia, come mia propria Vacuità e quella di tutti gli altri esseri. Perché ce nè proprio un sacco qui – molto più che sufficiente per tutti – e non si tratta di nessun tipo di oggetto o cosa, perlomeno di tutto quel tipo di cose che potrebbero essere divise e spartite e distribuite per separare le masse di materia. Quindi io vedo che *la vostra faccia non è altro che il vostro aspetto e che io non sono niente meno che la vostra Realtà.* Se io chiamo questa Realtà la mia Faccia Originale, devo aggiungere che è anche la vostra e quella di tutti. 1

E in verità è uno dei piaceri imprevisti della vita della 1a Persona quello di guardare senza colpire le facce dei nostri amici, senza provare o pensare nulla di particolare, e semplicemente vederle per quello che sono sempre state – *cose da guardare e non cose dalle quali guardare fuori.* Questo non è uno stato di mancanza d'amore, che vi riduce a delle sagome ritagliate di cartone. Esattamente il contrario; è un rifiuto più amorevole di separare la mia Consapevolezza dalla vostra e rimuove l'ultima barriera tra noi. Liberati dalla superstizione di più spiriti, alla fine siamo realmente uno. Questo è l'amore perfetto che elimina la paura – la paura inseparabile del vivere in un mondo stregato.

Così lo SCIENZIATO-1presenta allo SCIENZIATO-3 il suo maestoso statuto, il suo diritto di assumere proprio spudoratamente il suo atteggiamento comportamentista e materialista e cessare di sentirsi in colpa a questo proposito, o cessare di cercare una sistemazione per quegli spiritelli che prendono il nome di menti delle altre persone. *La scienza dell'oggetto può permettersi di cercare di far cadere la superstizione persino di una dolorosa consapevolezza là, perché la scienza del Soggetto (con uguale scetticismo) ha lasciato cadere la superstizione persino di un granello di materia qui.*

Questa non è per niente la fine della storia. Lo sfatare finale delle leggende a credito della SCEINZA-1, è l'esorcismo di quella entità residua, quella più tosta e più persistente e più ingannevole di tutti i fantasmi – la Consapevolezza stessa, come un grande Spirito che assorbe schiere di spiritelli, come un singolo Grande Sé composto da tutti i sé individuali, come Qualcuno o Qualcosa che ha qualche tipo di realtà oggettiva. Qui, le parole vengono svelate: tutto quello che potrebbero fare è oggettivare il soggetto – il che è impossibile. La migliore rotta da prendere è cessare di verbalizzare e guardare di nuovo qui, (dal lato più vicino del tunnel) notando che la reale Realtà non è per niente reale nel senso che gli oggetti sono reali, e rimanere in silenzio.

1. ZAZEN-GI: *Liberando e lasciando cadere corpo e mente, la vostra Faccia Originale appare chiara davanti a voi.*

DAITO-KOKUSHI: *Nemmeno uno dei settecento koan dello Zen ha altro scopo se non quello di farci vedere la nostra Faccia Originale.*

RUMI: *Colui che vede la sua propria Faccia – ha una luce maggiore della luce delle creature. Anche se morirà, la sua vista durerà in eterno, perché la sua vista è la vista del Creatore.*

THE KORAN: *Tutte le cose periscono tranne la Sua Faccia.*

25: LA SCIENZA-1 DA' SIGNIFICATO ALL'UNIVERSO

Finora mentre la SCIENZA-3 è vera per se stessa e rigorosamente obiettiva, respingendo come vaga o mistica tutta la soggettività, si confronta con un mondo senza significato, un 'fortuito concorso di atomi', un universo chiuso nel quale tutti gli eventi stanno insieme in una relazione di mutua dipendenza e nel quale non si riscontrano intervalli dove si possano insinuare 'la mente' o 'la consapevolezza' o 'gli scopi' – influenza più o meno l'inesorabile treno di accadimenti meramente fisici. In questo universo, la vita è un caso raro, breve e insignificante, e la mente (se è proprio riconosciuta) un puro sottoprodotto di forze cieche, una specie di fosforescenze occasionali, un epifenomeno. In linea di principio, si tiene conto di tutto senza l'ipotesi della consapevolezza.

Come abbiamo appena visto, questo è precisamente il tipo di universo che lo SCIENZIATO-3 potrebbe aspettarsi di scoprire; gli sta a pennello. Nondimeno, questo non è un mondo piacevole nel quale essere gettati e la maggior parte degli scienziati (a meno che non siano eccezionalmente onesti, o eccezionalmente pessimistici, o entrambi) si uniscono ai profani ignorandolo; o al limite lo affogano giornalmente nei loro bianchi litorali e si consolano andando fuori servizio nella più vicina e calorosa scena umana. La SCIENZA-3 deve essere presa seriamente, ma non così seriamente! Comunque i presupposti basilari dell'uomo hanno importanza e sotto la superficie crescono la paura e la disperazione dovuti al fatto di vivere in un universo che è piuttosto indifferente, se non fattivamente ostile, per tutto ciò che ha di caro. Il disturbo professionale dello SCIENZIATO-3 si può definire universite (traduzione del termine universitis creato da Douglas Harding per indicare uno stato di malattia dell'universo): egli soffre a causa di una carenza nel suo cosmo.

La SCIENZA-1 colma la carenza. L'universo nel quale io mi trovo è significativo in ogni sua parte perché, in effetti, io scopro che esso è dentro di me e io sono il suo significato. Questo universo si manifesta al Vuoto che io sono qui, dentro e da esso, il quale mi unisce a tutte le cose qualsiasi esse siano.[1] Secondo me, come 1a Persona, non esistono 3e persone, nessun corpo intrinsecamente opaco, nessun oggetto che non trovi la sua base nel Vuoto, e pertanto nessuno al di fuori di me; quindi il mondo non contiene nemmeno un atomo che sia estraneo a me, niente di cui aver paura e proprio nessuna creatura che io possa perdere o di cui lavarmi le mani. Questo non è solo un desiderio ma un vedere onesto: è il realismo scientifico che si rifiuta di andare avanti pretendendo che l'osservazione non necessiti nessun Osservatore, l'oggetto nessun Soggetto, la 3a persona nessuna 1a Persona e che si rifiuta di andare avanti a pretendere che lo scienziato abbia in qualche modo preso congedo e che stia indagando da qualche misterioso limbo di se stesso.

Ma *naturalmente* il mio universo sarà irrazionale e insignificante fintanto che continuo a non prendere in considerazione la prova lampante del contrario – me stesso come 1a Persona! *Naturalmente* esso è morto fintanto che io insisto ad amputare me stesso dal suo corpo e a dissanguare questa cosa fino alla morte! *Naturalmente* la sua riproduzione di particelle è puramente accidentale fintanto che io non faccio un'eccezione riguardo a quel campione omaggio che è qui negandone di proposito la funzione! Naturalmente il segreto della Natura rimarrà a me nascosto fintanto che io non tratterò me stesso come soprannaturale (o piuttosto, innaturale) e non avrò il coraggio di guardarle dentro nell'unico Punto dove essa sta completamente aperta e disponibile all'ispezione – da questo lato dei miei occhiali e da *questa* estremità del mio telescopio o microscopio! Se io vivo in un universo meccanico è perché sto recitando la parte dello SCIENZIATO-3 invece di essere lo SCIENZIATO-1, e sto ostinatamente ignorando la sua ovvia e principale caratteristica dell'essere meccanico. Nessuno è così tremendamente cieco come l'uomo che è determinato a tenere gli occhi chiusi.

1. CHUANG-TZU: *Chi lo vede chiaramente, mentre tratta le cose come cose, non è di per se stesso uno cosa – come potrebbe accontentarsi di governare i centinaia di clan del mondo? ...Egli è il Solo Possessore.* BLAKE: *Di più, di più! è il grido di un'anima in errore; meno di Tutto non può soddisfare l'uomo.* D. T. SUZUKI: *I maestri Zen sono totalmente identificati con la Natura.*

26: LA SCIENZA-1 E' MONDIALE

A giudicare dalle apparenze, la SCIENZA-3 guarda l'universo con la massima venerazione, mentre la SCIENZA-1 disprezza il mondo e lo nega o persino lo distrugge, dato che (apparentemente) liquida tutte le cose come fantasmi, pure apparizioni della sola Realtà che è il Nulla. Ad un esame più approfondito, tuttavia, la verità è l'opposto. Certamente la SCIENZA-3 ebbe inizio come uno potrebbe aspettarsi – purificando progressivamente la Natura dai concetti di magia, umiliando se stessa di fronte ai fatti così come si presentano là fuori in tutta la loro ingestibile aseità e concretezza, e come in alcun modo la creazione stessa dello scienziato. E certamente la SCIENZA-3 non ha mai ufficialmente ripudiato questo rispettabile comportamento verso la ricchezza della Natura. Nonostante questo il suo sistema contraddittorio integrato assicura che qui, ancora una volta, più ha successo e più fallisce. Il progresso della SCIENZA-3 è il regresso del suo universo, il suo sistematico impoverimento. Tutte le qualità delle cose –non solo la loro bellezza e bruttezza, la loro amorevolezza o odio, la loro vita e la loro mente, ma anche il loro suono, profumo, gusto e le loro sensazioni, il loro colore e la loro forma, la loro durezza e la loro sofficità - tutto questo è stato furtivamente trasportato a pezzi e monconi nel corso dei secoli dall'oggetto percepito laggiù al soggetto percipiente qui. Esse sono diventate soggettive invece di oggettive, la reazione personale dell'osservatore invece che la sua pubblica scoperta, il suo personale contributo al datum, il quale datum diventa sempre più ombroso finché praticamente non svanisce. Alla fine, niente viene lasciato nell'universo della SCIENZA-3 se non il suo puro substrato con il suo gioco insano di inscrutabili energie; essendo tutto il resto – l'universo come realmente sperimentato – stato attirato dentro la testa dello sperimentatore. Questa è una negazione del mondo con vendetta! E cosa potrebbe essere più esageratamente soprannaturale – o più superstizioso – di questo immenso, brillante, colorato, rumoroso, chiassoso, ingovernabile mondo chiuso in un bel pacco e inviato in una cassetta delle lettere di venti centimetri – che lascia il mondo fuori dalla cassetta delle lettere come un deserto privo di vita?

Naturalmente, un tale raduno interno delle qualità era inevitabile. Non c'è niente di sbagliato in questa crescita dell'osservatore a spese dell'osservato, questa impossibile impresa del confezionamento della testa, *ammesso che la testa ora sia esaminata da dentro e vista come la testa della 1a Persona.* Poi essa si scopre essere, dopo tutto, spaziosa tanto quanto il mondo! [1] E questo mondo è visto ancora essere decorato con tutte quelle qualità e valori che gli sono stati apparentemente strappati. Tutto è come era; tutti i colori, le forme e i suoni, il significato e la bellezza, la vita e la mente, rimangono nelle loro antiche stazioni e l'universo è di nuovo se stesso. In altre parole, lo SCIENZIATO-1 è libero, ampio come il mondo, sconfinato, inseparabile dal Cosmo stesso. Pertanto le sue idee riguardo alle stelle riguardano proprio le stella lassù e non riguardano la sua testa qui; esse sono siderali, non craniali. Quindi il colore, il profumo e la sensazione di un fiore e tutti i suoi pensieri e sensazioni riguardanti il fiore, appartengono al fiore là fuori e non sono strappati da esso e iniettati da qualche magica siringa dentro il suo cranio. Egli sente il fiore e non le punte delle sue dita, annusa il fiore e non il suo naso – e certamente non il suo cervello. Tutte le cose sono così come appaiono nella loro gloria nativa, e solamente lui, la 1a Persona, è assente –in modo assoluto. In effetti, *di per se stesso,* egli non ha assolutamente nessuna mente, nessuna esperienza personale o centrale o vita o sostanza o umanità o cosità o qualità di qualsiasi tipo, ma solo Vacuità, questa Assenza di testa senza confini – che è riempita da tutta la creazione. Quello che manca a lui lo ottiene, con immenso interesse aggiunto, negli altri. Vedendo se stesso come Nulla, è pronto a godere di Ogni Cosa.

1. H. H. PRICE: *Se le informazioni riguardanti i sensi sono letteralmente dentro il cervello siamo portati a concludere che essi sono sempre più piccoli rispetto alle cose a cui appartengono, o altrimenti che la nostra testa è molto più grande di ciò che appare essere al contatto.*
HUANG-PO: *Questo cappello viaggiante può sembrare piccolo, ma quando lo indosso esso copre l'intero cosmo.*
RUMI: *Come può un intero mondo essere contenuto nell'argilla di cui è fatto un corpo?*

27: LA SCIENZA-1 NORMALIZZA I FENOMENI "PARANORMALI"

Il tessuto a trama stretta della SCIENZA-3 è modellato meravigliosamente ma ha dei bordi sfilacciati e numerosi strappi che si rifiutano di essere rattoppati. Questo include aree ingestibili come la telepatia, la chiaroveggenza, la precognizione, la memoria di vite passate, la scrittura automatica, la psicometria, le presenze, l'essere posseduti, la medianità. Se le ipotesi di base della SCIENZA-3 sono nell'insieme valide, cose di questo tipo non dovrebbero accadere. Ma esse accadono, comunicando che da qualche parte c'è un errore radicale. Sembra che qualcosa di essenziale sia stato lasciato fuori. In ogni caso, la SCIENZA-3 non è adatta a tenere conto di una vasta classificazione di fatti e sotto questo aspetto non è scientifica. Il ruolo della SCIENZA-1 è quello di mostrarli sotto una nuova luce – la luce che illumina e addomestica questi così detti fenomeni 'paranormali'.

Come abbiamo già notato (Capitolo 23), la SCIENZA-3 stessa prova, sulla base delle sue accurate considerazioni circostanziali del come una 3a persona 'esperimenta il mondo', che lui non potrà mai, come 3a persona, fare nulla di simile. Egli è troppo solido, e veramente troppo piccolo. Evidentemente sono io come 1a Persona, che da solo sono sufficientemente vuoto e sufficientemente grande per questo tipo di azione. Ciò che esperimento dipende da molte cose – dalla condizione dei miei strati fisico e chimico, dal mio cervello, dal mio corpo, dal mio mondo e infine da tutte le cose.

Questo che esperimento dipende dal Nulla. La consapevolezza è la funzione - lo è - di questo Vuoto senza confini nel cuore del mio mondo multistrato. Se io, da pazzo, immagino che un organo di senso o un cervello non solo *condizionano* ciò che percepisco, ma che essi stessi lo percepiscono; se (contrariamente a ogni evidenza presente) suppongo che i miei occhi ora sono occupati a guardare e le mie orecchie a sentire e la mia lingua a gustare e il mio cervello a pensare - perché naturalmente non potrei mai immaginare di vedere o sentire o gustare o pensare senza beneficiare degli organi sensoriali; o nego totalmente l'accesso alle 'percezioni extra sensoriali', o le elimino come 'occulte' o le separo considerandole come 'paranormali'. Ma se, più ragionevolmente, prendendo il mio stesso caso come reale esempio e la mia unica fonte di informazioni interne, io riconosco che le cose non esperimentano nulla, che gli occhi non vedono e le orecchie non sentono e la lingua non assapora e il cervello non pensa, che (in questo senso) *tutto* il vedere è privo di occhi, e così via – perché allora dovrebbe nascere il particolare problema delle 'percezioni extra-sensoriali' e del 'paranormale' in genere.[1]

Ma la superstizione che certe cose sono animate è dura a morire. Il presupposto dei nostri antenati primitivi e il nostro stesso buon senso – ereditato acriticamente dalla SCIENZA-3 e raramente ripudiato persino ora – è che la consapevolezza sia una sostanza sottile quasi fisica o un'emanazione energetica che appartiene e sta all'interno e che circonda certe parti molto speciali di materia, per esempio il cervello. Ne consegue che a partire da questi tempi antichi si calcola che le 1e Persone sono tante quante le 3e, tante consapevolezze quanto sono i 'loro posti a sedere' e che ognuno occupa una porzione limitata di spazio e tempo – come se fosse una specie di gas magico.

L'estensione di questo campo spazio-temporale, la sua forma, la natura dei suoi confini (che siano definiti o sfumati) la sua nascita, la sua crescita e la sua decadenza – tutte queste imbarazzanti questioni sono convenientemente ignorate. Anche il solo limitarsi a porle corrisponderebbe di sicuro ad esporre al fallimento ciò che le ha prodotte.

Lo SCIENZIATO-1, attento a ciò che è presente dal lato *più vicino* del suo telescopio o microscopio o mirino o sacchetto di carta o tunnel, non di meno di quanto è presente dal lato *più lontano,* è nella posizione di porre tali questioni. Qui non c'è assolutamente nulla, una Capacità così ampia e non selettiva, che non rifiuta proprio nulla, una Vacuità così vuota che non potrebbe mai distinguersi da qualsiasi altro vuoto, un Infinito così vasto che non può indicare nessuna limitazione spaziale o temporale, una Semplicità così semplice che si rivela totalmente innocente riguardo al numero e qualità e funzioni, un'Uniformità che è sempre la stessa – e, comunque, acutamente consapevole di tutto questo. Queste sono le attuali scoperte della 1a Persona singolare. Ciò che richiede spiegazioni, allora, non è perché la 'vostra mente' e la 'mia mente' dovrebbero talvolta sovrapporsi e mescolarsi e persino cambiare posto, ma perché dovrebbero mai sembrare completamente separate. La cosa stupefacente è la moltitudine non l'Uno. Per forza, siamo in comunicazione telepatica se, come 1a Persona, siamo quell'Uno; la sorpresa è quella di poter lasciar fuori così tanti pensieri e sensazioni altrui. Ecco perché posso

81

entrare nell'esperienza di qualcun altro, avulso da tempo e spazio se, in realtà, non c'è nessun altro, e tutto il tempo e lo spazio sono in me. Ecco perché tutte queste esperienze chiamate 'anime' o 'spiriti' potrebbero rimanere qui all'infinito se, come dato di fatto, sono tutte un unico indistruttibile Spirito.

L'universo, tutto quello che è, appartiene alla 1a Persona. [2] Letteralmente come pure in senso figurativo, la totalità è dentro un sacco – da quel lato il manifesto, da questo lato il resto, non manifesto.

Quindi tutte le cose sono suddivise in due classi – le poche reali là, in mostra a rappresentare il mondo in continuo cambiamento della 1a Persona; le molte potenziali qui, nascoste nella 1a Persona. Ogni cosa è polarizzata e contabilizzata: o è ciò che viene sperimentato, o ciò che sta facendo l'esperienza. Niente è perduto o smarrito. La 1a Persona è il mago che tiene tutti i trucchi nella sua manica, e fa uscire continuamente quelli vecchi e quelli nuovi, rimettendoli poi dentro per un'altra occasione. E tutti i suoi trucchi, dal ricordare ciò che uno ha mangiato a colazione fino alle avventure in altri mondi, sono perfettamente miracolosi e paranormali – e perfettamente naturali e normali.

Potenzialmente e in linea di principio, pertanto, tutte le esperienze attraverso spazio e tempo – non umane non meno che umane – sono accessibili a questa 1a Persona qui e ora. In realtà, e in pratica, tuttavia, vengono presentate solo le selezioni provenienti da essa che hanno più o meno a che fare con le questioni attuali. Altrimenti, non sarebbe possibile un'azione appropriata; saremmo totalmente inibiti, oberati da informazioni inutili e distrazioni.

In effetti, il pericolo è reale. Se mi accadesse di essere un 'chiaroveggente' o un 'sensitivo' potrei molto facilmente trovarmi invaso da idee e stati d'animo, dolori e malattie, problemi senza fine riguardanti altri – proprio come se là ci fossero altri, io contro loro, coscienze separate che, ahimè, in pratica non sono abbastanza separate! Il risultato potrebbe ben essere che i miei inusuali doni facciano più male che bene, non importa quanto cortesi siano le mie consapevoli intenzioni. E questo particolarmente perché questo mio atteggiamento di me-e-te (faccia-a-faccia, consapevolezza-a-consapevolezza) è per natura di consapevolezza e di ricerca del sé. Il problema reale non è che sono troppo aperto alle invasioni, ma non sufficientemente aperto. La mia immunità contro i disturbi professionali della ricerca psichica e delle pratiche psichiche è che io veda che, come 1a Persona, sono totalmente vulnerabile qui dove non c'è niente da distruggere. Non posso permettermi di andare avanti a ignorare questa 1a Persona. La mia sicurezza, forse la mia sanità mentale, la pace della mente e la mia efficacia nell'esercizio di questi speciali doni, sono assicurati solo dal guardare bilaterale. Sono in grado di aiutare le persone che ne hanno bisogno, senza attaccamento, senza essere invaso, senza contare su risultati specifici o su qualsiasi risultato e senza una ricerca del potere, solo quando io *sono* quelle persone, perchè in me stesso io sono un Nulla totale.

Così la SCIENZA-1 non solo tiene conto e normalizza il 'paranormale', ma mette in guardia contro i pericoli legati a questo studio e coltivazione.

1. RUMI: *Tu vedi che quegli occhi vedono, ma essi sono come dipinti sul muro delle terme: essi non vedono.*

HUI-HAI: *Con cosa percepiscono questo corpo o questa mente? Possono percepire con gli occhi, le orecchie?...No. La vostra propria natura, essendo essenzialmente pura e estremamente immobile, è capace di questa percezione.*

ECKHART: *Non possiamo vedere il visibile tranne che con l'invisibile*

2. RILKE:

Oh, l'anima del mondo non si unirà mai alla mia,

finché ciò che appare fuori di me,

nonostante sia dentro di me,

non si posi deliziosamente in me..

28: LA SCIENZA-1 SCOPRE IL MONDO NATURALE

Il buon senso ha inventato, e la SCIENZA-3 (che è il buon senso sistematico) ha ereditato e sviluppato, un notevole universo, che ha quattro notevoli peculiarità: (i) Mancando di un Centro intorno al quale organizzarsi, questo universo è comparativamente non strutturato e uniforme, una patata cosmica piuttosto che una cipolla cosmica. (ii) Il suo spazio ha tre dimensioni di uguale stato, di modo che (per esempio) un pollice cubo è simultaneamente 1 pollice di altezza x 1 pollice di larghezza x 1 pollice di profondità; la sua profondità è data come la sua altezza e la sua larghezza e non è assolutamente mai a sei lati. (iii) In questo spazio tridimensionale le persone e le cose sono più-o-meno costanti, e le variazioni della forma di 1 pollice cubo (per esempio) o della dimensione di un uomo sono giustificati come variazioni della distanza e orientamento dell'osservatore: per cui non c'è non c'è nessuna cosa che corrisponda a un cubo di due lati o un uomo che misuri come la cruna di un ago.

(iv) L'osservatore stesso è un intruso accidentale in questo universo, che è ciò che e va per la sua strada indipendentemente da lui – dalla sua attenzione, dal suo vedere e cessare di vedere, dalla sua vita e morte. Per la differenza che fa, egli potrebbe anche non essere là.

Ora questo universo artificiale è un ausilio molto utile per vivere nel reale universo: senza di esso la SCIENZA-3 e tutti i suoi benefici, le finzioni pratiche secondo le quali viviamo (e secondo le quali facciamo le nostre promesse), non avrebbero mai avuto inizio. La civilizzazione stessa è totalmente in debito - si potrebbe quasi dire che la civilizzazione è - la base fondamentale delle invenzioni umane. Ciò nonostante, questo mondo immaginato, questo disegno di un universo, questo Diagramma, è abitabile solo da diagrammi, non da gente reale. E' un sogno, una finzione scientifica dalla quale risvegliarci. E' un mondo adatto solo alle 3e persone e ad altre astrazioni e in verità non è per niente un mondo ma una codificazione, una serie di convenzioni, un'apparecchiatura cosmica per il risparmio di manodopera, una mappa per poter girare intorno al mondo reale.

E' quando sbaglio mappa che sono veramente nei guai. Il mio guaio, la mia disonestà, il mio inganno non consistono nella mia ricognizione del cosmo artificiale della SCIENZA-3 ma nella mia convinzione che esso esiste veramente. Pretendendo di vivere in questo mondo oscuro, innaturale, irreale, corro il pericolo di diventare anche io così. La mia medicina è la pratica assidua della SCIENZA-1, che include la scoperta del mondo naturale, della Natura così come si dona esattamente a me – non denaturata, distorta, stiracchiata e tagliata in modo che si adatti alla convenienza della società, ma la Natura così com'è. La Natura rivelata, potrebbe dire qualcuno, come il Paradiso dei Fiori di Loto.1

Questo non è così difficile come sembra. Nessuno si è mai svegliato una bella mattina trovandosi nell'universo simile a una patata della SCIENZA-3, un universo nel quale lui non era al Centro. Nessuno ha mai *visto* un mondo in cui gli uomini, le macchine e le case fossero presenti a grandezza naturale, oppure assenti e senza alcuna dimensione (con nessuna dimensione intermedia), un mondo le cui stelle fossero soli giganti, un mondo il cui Sole fosse qualcosa di fisso nel cielo ed immensamente più grande della Luna e davvero molto caldo, un mondo la cui Terra fosse una palla rotante infestata da miriadi di omini attaccati in modo precario tramite le suole dei loro stivali, e ognuno di loro con l'universo incapsulato nella loro piccola testa – per non parlare anche dello spiritello che vive là. L'ironia consiste nel fatto che mai nessuno dentro o fuori da un manicomio crederebbe *realmente* in questo universo simile a una patata, o persino (se dobbiamo dire tutta la verità) in un universo simile a una cipolla che ha come centro un grumo solido di materia di 8 pollici pieno zeppo di capelli, invece dell'*assenza* di qualsiasi cosa del genere. Per vivere nel mondo naturale, nell'UNIVERSO-1, ho bisogno solamente di avere il coraggio delle mie convinzioni; è sufficiente vedere in che cosa credo e credere in quello che vedo – che questa 1a Persona è il Centro vuoto e il Contenitore riempito dell'intero mondo. La semplice verità giace in totale apertura e nel mio cuore non l'ho mai messa in dubbio. Ciò che è realmente incredibile è l'UNIVERSO-3, il mondo innaturale, la finzione scientifica del mondo della SCIENZA-3, il cosmo puramente 'fisico' che non può nemmeno essere immaginato chiaramente, tanto meno percepito.

1. *TEOLOGIA GERMANICA: Che cos'è il Paradiso? Tutte le cose che ci sono.*

HAKUIN: *Questo punto esatto è il Paradiso del Loto.*

TRAHERNE: *Dovremmo essere estranei rispetto ai pensieri, alle abitudini e alle opinioni degli uomini del mondo, come se non fossimo altro che bambini piccoli.*

29: SCOPERTE SENZA FINE ATTENDONO LA SCIENZA-1

La SCIENZA-1 ha appena iniziato a tracciare, per non parlare di esplorare, il suo immenso campo, dove non sono necessarie particolari attitudini o apparati, ma solamente umiltà di fronte ai fatti. Le domande che fa sono dirette e semplici. Com'è realmente essere me, in questo momento? Come si presenta realmente il mondo? Esattamente che controllo sto esercitando ora su di esso? Dimenticando quello che mi è stato detto e che ho immaginato, ciò che la società con il suo buon senso e la SCIENZA-3 mi dicono di credere, e alla fine avendo il coraggio di guardare da me e prendendo seriamente ciò che trovo – beh cosa trovo? Trovo sorpresa su sorpresa, al di là di ogni più folle sogno. *Vedo che quello che credevo fosse vero di me e del mondo è un mucchio di bugie!*

Prendete solo alcuni esempi dalla illimitata gamma disponibile. Noto che annullo e ricreo il mondo, mentre le *persone* semplicemente chiudono e aprono gli occhi.[1] Zittisco il mondo; essi si chiudono le orecchie; io faccio girare il mondo; essi fanno delle piroette.[2] Io trasmuto il mondo, trasformando le gambe in erba, in alberi, in colline, nel cielo; *le persone* si inchinano e si raddrizzano. Io salgo fino alle stelle e gioco con le costellazioni; *le persone* girano le loro facce verso il cielo notturno.[3] La sedia giocattolo, la strada a forma di cuneo, la casetta delle bambole, i tunnel della tana della talpa – tutto si gonfia per accogliermi, e si riduce a niente quando non li uso più; le persone sono obbligate a ridursi e a gonfiarsi per adattarsi al circondario. Quando lo voglio, posso trasformare un'arancia in albero e poi tornare indietro, vedere attraverso un cucchiaio, rovesciare una tazza senza versare il tè, distruggere un piatto senza toccarlo o romperlo, sparire attraverso il buco di una serratura, spostare montagne, rovesciare una casa. Posso conferire a ognuno e a qualsiasi cosa il supremo onore di essere il punto focale, il prodotto finale e il significato dell'universo – e degradarli di nuovo, istantaneamente.

Questi sono i poteri della 1a Persona singolare, le prerogative reali del timido Re – il Re che non desidera sapere di essere un Re. Il suo Regno, l'universo della 1a Persona, supera ogni cosa che egli abbia immaginato.

Nessuna distanza lo separa dai suoi sudditi. Essi appaiono di fronte a lui in tutte le dimensioni, crescendo e riducendosi secondo l'ordine reale. Le loro qualità e comportamento incontrano la loro elasticità: così bambini molto piccoli sono tranquilli e intangibili; e macchine e tigri molto piccole si muovono lentamente e non sono pericolosi, benché abbiamo un sistema di allarme per crescere velocemente; e le stelle non sono mai grandi o calde o particolarmente separate; e il Sole è un disco luminoso, più piccolo di un penny, che scorre giornalmente attraverso il cielo sopra una Terra vasta, piatta e immobile.

E così via. Questo è il mondo come si presenta. Devo ancora scoprire un altro mondo, per non parlare del prenderlo come mia residenza. Io non mi sono mai trovato in un universo di cui la 1a Persona non fosse il monarca incontrastato. Vedendo questo, io riacquisto i sensi, sono di nuovo me stesso, sveglio. Questo riporta indietro proprio dove le somme erano errate, rifacendo i calcoli da là. E' un ritornare all'occhio innocente e al mondo non corrotto del bambino appena nato e ai suoi antenati preumani – con una differenza. [4] L'infantile trascuratezza della nostra presenza è diventata il vedere simile a quello del bambino della nostra Assenza; il guardare unilaterale è diventato bilaterale. Questa è la fine della magia, della superstizione e delle paure primitive e di quelle infantili; e anche delle superstizioni e delle paure dell'adulto.

Che strano che il solo mondo *abitabile* dovrebbe essere territorio proibito per l'adulto razionale e che, quando c'è un tentativo di esplorarlo da parte di persone curiose come Colombo e Livingstone, esso debba apparire così stravagante, così fantastico e anormale! In realtà, non è caotico: ogni cosa va avanti in esso veramente secondo le sue proprie e naturali leggi – leggi che creature non razionali non trovano affatto confuse. Queste leggi sono dovute essere codificate all'interno di una nuova fisica – proprio come quelle della SCIENZA-3 – basata sui fenomeni così come loro stessi si presentano, non così come l'uomo li risistema.

Né questo ramo della SCIENZA-1 è un'opzione extra, solo un bellissimo poema, un gioco eccitante, un immenso divertimento – benché sia certamente questo. Se 'scienza' significa 'scoprire come sono le cose' allora ignorare 'come esse si presentano' è ascientifico e non più scusabile di qualsiasi altra superstizione. Curiosità, integrità intellettuale, onestà ordinaria, sono in pericolo – per non parlare delle conseguenze psicologiche dovute al sopprimere i fatti e vivere in un mondo fatto di credenze.

La 1a Persona ha una buona ragione per occuparsi del 'come le cose si presentano'. Chi è questa 1a Persona? Da dove arrivano queste cose e a chi vengono date? Quando il Re perde l'interesse nello stato del suo regno e riguardo a come esso viene governato, si addormenta di nuovo e riprende il suo sogno che è uno dei suoi propri temi.

1. RUMI: *Quando chiudete i vostri occhi sul mondo, esso viene abolito.*

2. RUMI: *Il Qutb (Polo) è colui intorno al quale girano i cieli.*

3. BLAKE: *La distanza non è nient'altro che una fantasia.*

4. HUANG-PO: *Osserva le cose come sono e non portare attenzione alle altre persone.*

30: LA SCIENZA-1 E' IL TIPO PIU' ALTO DI RELIGIONE

La SCIENZA-3 deve molto alla religione; proprio una delle sue motivazioni, storicamente, era scoprire la mente del Creatore come espressa in Natura, il suo operato. Progressivamente, tuttavia, la SCIENZA-3è diventata, di fatto se non intenzionalmente, anti-religiosa e anti-spirituale. Come poteva non diventarlo, dato che la sua politica consolidata, in effetti il suo compito, è quello di lasciare il Soggetto – l'Io, lo Spirito, fuori dall'immagine? Naturalmente alcuni dei suoi migliori praticanti sono stati uomini religiosi, ma questo era possibile solo dove la loro scienza e la loro religione fosse di un tipo tale da poter essere mantenuta nei ristretti comparti dei concetti; in caso contrario, una o l'altra sarebbero esplose. Il prezzo della credenza religiosa qui è dato da qualche mancanza di integrità, da qualche doppio pensiero. Lo SCIENZIATO-3, come tale, non è un uomo completo: egli è spiritualmente handicappato. La religione tradizionale ha delle buone ragioni per sospettare la scienza e ostacolare il suo progresso.

La SCIENZA-1, dall'altro lato, è da sempre così profondamente religiosa o spirituale tanto che potrebbe ugualmente essere chiamata la religione o la spiritualità della 1a Persona. Notate, tuttavia, che la scienza della 1a Persona non è religiosa perché è meno scientifica della SCIENZA-3 o perché si rifiuta di esagerare con il dubbio, ma perché è più scientifica, più inquisitiva, più inflessibile, più scettica e non prende veramente nulla per atto di fede. Viceversa, notate che la religione della 1a Persona non è scientifica perché è meno religiosa della specie ordinaria, o meno dedicata allo spirituale, ma perché lo è molto di più – in quanto non è nient'altro che la più elevata.

Questo è molto più che dire che la SCIENZA-1 è un'impresa essenzialmente religiosa; è piuttosto la religione stessa, il cuore della materia. Non che la SCIENZA-1 possa evitare la SCIENZA-3; al contrario, la SCIENZA-3 fa un lavoro indispensabile di preparazione del terreno, estirpando attraverso i secoli le sorpassate cosmogonie e cosmologie della religione, gli ingarbugliati sottoboschi dei miti, dei dogmi, e dei presupposti prescientifici. Ma non ce la fa a piantare niente al loro posto. Rimane solo un malinconico sguardo all'indietro alla fede e al significato cosmico, solamente nostalgia e un doloroso Vuoto. La SCIENZA-3 toglie il dolore da quel vuoto e lascia solamente il Vuoto, che è la sorgente di tutta la spiritualità religiosa.

1. EDWARD YOUNG: *Il corso della Natura è l'arte di Dio.*

ALEXANDER POPE:

Tutti fanno parte di uno stupendo tutto,
il cui corpo è la Natura e Dio l'Anima..

31: LA SCIENZA-1 RISTABILISCE IL SENSO DEL MISTERO

La SCIENZA-3 è in guerra con il mistero. Inevitabilmente, più l'uomo conosce meno questo lo stupisce. L'arcobaleno è un'illusione ottica, il tuono e il fulmine una scarica di elettricità statica, la Madre Terra una zolla, i suoi figli una scoria planetaria. Infatti non si occupa di se stesso, ma fa riferimento all' *Homo sapiens* indietro e ancora indietro fino alla forme di vita più semplici dalle quali è emerso. E anche se l'Evoluzione non lo spiega, alla fine ciò lo fa apparire piuttosto ordinario ed inevitabile. Egli non si stupisce più di niente, nemmeno di se stesso. Questo significa essere enormemente ciechi ed è una grande perdita.[1]

Questa mattina la meraviglia del mondo si può recuperare, e perfezionare, solamente andando via dal mondo e rivolgendoci a Chi lo osserva. Potremmo aver pensato che la SCIENZA-3, con i suoi geni per la scoperta di nuove meraviglie nell'universo, avrebbe aumentato la nostra ammirazione nei suoi confronti; e al contrario che la SCIENZA-1, con i suoi geni per la scoperta solamente del Vuoto, avrebbe ucciso definitivamente la nostra ammirazione. Non è così. Io trovo che è solo quando la mia attenzione è centrata principalmente sull'Uno che sta assistendo qui, e solo incidentalmente sul mondo che sta a confronto con me, che il mondo diventa meraviglioso in me. Poi la grande sorpresa, il fatto più stupefacente di tutti non è quello che il Cosmo è ma *il fatto che* esso esiste; non sono gli infinitamente variabili prodotti laggiù ma la loro semplice Origine qui. [2] In ogni caso è quando essi vengono visti procedere da Questo che si rivestono della sua meraviglia, e non c'è più niente di ordinario.

E' vero che, in linea di massima, la SCIENZA-3 fa riferimento a fenomeni verso il basso dal macroscopico al microscopico, e dal microscopico all'ultimo fisico Substrato che è anche l'ultimo mistero. Ma non può mai arrivare là; il Substrato (che è il Vuoto) non si può conquistare, e il mistero si perde. Solamente lo SCIENZIATO-1 girando la sua attenzione di 180° (usando, per esempio, quel perfetto 'microscopio ultra-elettronico' – il tunnel di carta) può completare la storia, ed effettivamente vedere i fenomeni come radicati nel Vuoto, e pertanto il Mistero stesso. E che cos'è, alla radice, questa Scienza della 1a Persona se non il godimento del Mistero stesso come infinitamente incomprensibile, la perfetta conoscenza di se stesso come perfettamente conoscibile? 'Contro ogni aspettativa', esso grida, 'io ci sono veramente! Senza aiuto o spettatore ho raggiuto l'incredibile, l'impossibile. Da solo sto creando *Me Stesso,* sto facendomi accadere. Non ci dovrebbe essere assolutamente niente. Non c'è nessun motivo per me di Esserci. Eppure eccomi qui! Dopo di che, niente è impossibile, tutto quello che faccio è un gioco da bambini, e un milione di universi sono cibo per polli!' Sperimentarlo non è l'eco della Meraviglia Divina, ma impegnarsi e deliziarsi in ciò che è reale. Ciò è impareggiabile.[3]

1. PASCAL: *Vivere senza investigare chi siamo è una cecità straordinaria..*

KIERKEGAARD: *Comprendere ogni cosa eccetto se stessi è veramente ridicolo.*

PLOTINUS: *La nostra conoscenza del Sé è la nostra bellezza: ignorando il nostro Sé ci imbruttiamo.*

2. WITTGENSTEIN: *Non è come le cose sono nel mondo che è mistico, ma il fatto che esistano.*

3. PLOTINUS: *Egli ha dato vita a Se Stesso. Ha creato Se Stesso all'interno dell'Essere.*

32: LA SCIENZA-1 VA OLTRE IL TEMPO

Una delle testimonianze più citate riguardante la validità della SCIENZA-3 è la gamma e l'accuratezza delle sue predizioni, dall'orario preciso delle eclissi e del passaggio delle comete alle previsioni del tempo, dalla traiettoria di un proiettile in presenza di forte vento alla programmazione minutamente dettagliata di un lancio sulla Luna. Sicuramente la SCIENZA-1 non può iniziare a competere con questo. Può la pratica di vedere me stesso qui al Centro del mondo dirmi qualsiasi cosa rispetto al futuro del mondo? La SCIENZA-1 ha qualche segreto almanacco o sfera di cristallo sua personale?

Certamente non può dirmi niente riguardo al futuro degli *altri là* – che è compito della SCIENZA-3. Ma mi dice tutto riguardo al futuro (e al passato) di *Me Stesso qui,* di questa Realtà cristallina per distinguerla dalle sue apparenze offuscate, questa Realtà che è in effetti la Realtà di ognuno di noi, questa Storia Interiore che è in effetti la Storia Interiore di ognuno di noi. La SCIENZA-1 si occupa del suo proprio compito: fa solo una predizione, ma quella predizione abbraccia tutto, è assolutamente precisa, semplice, infinita nell'arco del tempo, definitiva, perché essa ha a che vedere con ciò che le cose sono e non con ciò che sembrano essere. E ciò che sono è sempre lo stesso, sempre così.[1] Questa Radice o Semplicità o Cuore dell'Uniformità è identica in tutti gli esseri da sempre, la loro Lunga Casa, la loro Perenne Semplicità. Essa è in loro non semplicemente come stato successivo della loro comune Origine e stato precedente del loro comune Destino, ma come quella Origine e quel Destino uniti e sempre presenti come loro vero Essere. Vedere questo (semplicemente capire che non è di nessun profitto) è vedere attraverso il tempo nell'eternità, ora. E questa finale predizione è la realizzazione del Resto e Pace nel Cuore comune di tutte le creature.[2]

L'alternativa è un'ansia sempre maggiore – l'ansia che cresce con intelligenza, responsabilità e conoscenza: in breve, secondo l'arco del tempo. Più lo SCIENZIATO-3 va avanti a vedere, più vede problemi che si preparano – il fallimento dei suoi propri poteri, la malattia, la vecchiaia e la morte, la sovrappopolazione globale fino alla malnutrizione generale, l'inasprimento del razzismo e delle lotte religiose, l'accumulo di inquinamento e l'estinzione delle risorse naturali della Terra, l'eventuale spegnimento del Sole che include la morte lenta della Terra, la morte termica o entropia della Galassia stessa. Nonostante i dettagli della storia possano variare, la fine è la stessa: ogni cosa perisce e la sua distruzione è la più miserabile da prevedere. Inoltre, lo SCIENZIATO-3 ha fin troppo successo – ed è ben lungi dall'avere sufficiente successo. Egli cade penosamente dentro il tempo, tra i due sgabelli dell'assenza di tempo e di tutto il tempo.

Allora, che cosa dobbiamo fare? Impossibilitati a tornare indietro al ristretto arco del tempo del relativamente spensierato bambino, il nostro unico rimedio è di andare avanti verso l'arco infinito del tempo del saggio simile al bambino, che è totalmente spensierato perché vede che Ciò che ora sta al di là della vita e della morte e di tutti i cambiamenti. Benché ogni cosa perisca la Non-cosa rimane.

Le apparenze sono inevitabilmente fugaci; tranne la Realtà a cui appartengono le apparenze, il Mistero dal quale continuamente nascono – che cosa sono alcuni milioni di galassie più o meno rispetto a questo inesauribile Abisso? Quindi tutto ritorna alla questione cruciale della mia vera Identità. Se qui insisto a fare di me stesso un oggetto, una cosa e una 3a persona, vengo consumato da migliaia di paure ed è meglio che muoia. Ma se la finisco con questa irreale e non gratificante abitudine e ritorno da Me Stesso, vedo che non sono mai emerso da quel meraviglioso Abisso, che esistevo ancor prima di Abramo, prima della prima galassia, del primo atomo, prima del tempo stesso. Proprio qui e ora, nel punto esatto dal quale proviene tutta questa tempesta di tempo e trasformazioni, io sono a Casa e all'asciutto. Dove potrei andare fuori da questo Paradiso Sicuro?

1. CHUANG-TZU: *Tutto ciò che ha forma, suono, colore, può essere classificato sotto la voce cosa. Ma possiamo giungere all'assenza di forma e sconfiggere la morte. Come possono le semplici cose stare a confronto con ciò che è in possesso dell'eterno?*

2. ECKHART: *Mentre l'uomo possiede tempo e spazio, numeri e quantità, egli non è come dovrebbe essere, non solo.*

33: LA SCIENZA-1 CONTROLLA L'AMBIENTE

Tra tutte le testimonianze a favore della SCIENZA-3 la principale è la sua meravigliosa abilità, non solo di predire gli eventi, ma alterarne il loro corso e trasformare il mondo. Dopo che è stato tenuto conto di ogni cosa rispetto a tutte le sue carenze e inconvenienti, la SCIENZA-3 fa un'enorme differenza, funziona a meraviglia, ricrea completamente l'ambiente dell'uomo. La SCIENZA-1 ha di per se stessa qualcosa di paragonabile da mostrare, una qualsiasi cosa tangibile a tutti?

Beh, non c'è proprio nessuna speranza – o pericolo – che si aggiunga materialmente alle imprese della SCIENZA-3. Ha totalmente un altro tipo di lavoro da fare, lavoro che non fa nessuna differenza non-sempre-intenzionale e non-sempre-benefica a questo piccolo angolo dell'universo, ma che fa una totale differenza all'intero l'universo. *Questo perché tutte le cose, quando sono viste simultaneamente insieme al loro Vedente, cosa a Non-cosa, cambiano di conseguenza.* E' vero che in un certo senso niente viene cambiato: il cielo non è più azzurro o più grigio, alcune persone risultano meno piacevoli di altre, il vento freddo soffia ancora attraverso di me: in realtà, io mi ritrovo a sentirmi più e non meno freddamente realistico riguardo al buono, al cattivo e all'indifferente, al bello e al brutto e al semplice stupido. Ma in un altro e molto più importante senso ogni cosa è cambiata – e non puramente al meglio, ma in realtà perfezionata. Questo perché non è più fuori da me e aliena e pertanto una potenziale e reale minaccia, ma invece proviene da me ed è dentro di me, è mia, è profondamente Me Stesso, e pertanto è totalmente accettabile e persino – alla fine – intenzionale. In termini religiosi, la mia incondizionata accettazione del volere di Dio (come espresso in come sono le cose) è l'allineamento del mio volere con il suo finché ciò che lui vuole io lo voglio, e la mia totale impotenza e arresa e la sua onnipotenza non diventano la stessa cosa. [1] Questo paradosso equivale a un autoinganno, se non a qualcosa di insensato, finché non viene veramente sperimentato. Non deve essere preso per buono sulla fiducia ma deve essere sperimentato – con una pratica onesta e sostenuta del guardare nelle due direzioni, osservando il vedente e il visto simultaneamente, *e notando ciò che accade al visto*.

Coloro che hanno fatto l'esperimento in modo completo sostengono che l'ambiente è realmente controllato sempre di più finché la Terra non si rivela essere il Paradiso stesso.

1. DE CAUSSADE: *La santità consiste nel volere ciò che ci succede per ordine di Dio. Se comprendiamo come vedere in ogni momento la manifestazione del volere di Dio ci troveremo anche tutto ciò che il nostro cuore potrebbe desiderare.*

RABBI NAHMAN OF BRATZLAV: *Gli altri hanno potere su di voi se voi avete un desiderio distinto dal volere di Dio.*

34: LA SCIENZA-1 E' PRATICA

Perlomeno (si potrebbe argomentare) la SCIENZA-3 è pratica nel senso ordinario del termine, con i piedi per terra. Sa cosa fare nel caso di un rumore al motore o di un'epidemia di peste suina, e in caso di molteplici altri problemi per i quali la SCIENZA-1 è silente.

Ovviamente è così. In ogni caso, se 'pratica' significa che 'altera le cose a beneficio dell'essere umano' allora la SCIENZA-3 è spesso proprio non pratica. Ne consegue sempre una parte di debito rispetto ai suoi benefici – costi enormi non preventivati, effetti collaterali non previsti e riflussi che riducono o persino cancellano il saldo a credito. Quindi le invenzioni meccaniche possono difficilmente andare avanti a supplementare e rimpiazzare le abilità umane e lasciarle ancora intatte. Gli antibiotici promuovono la rapida evoluzione dei ceppi di microorganismi che sono antibiotico resistenti. Poi c'è un notorio esempio di sovrappopolazione risultante dal controllo dei disturbi epidemici e dall'estensione delle cure mediche e dal miglioramento delle tecniche mediche, uniti alla moderna igiene, riduzione delle carestie e così via. Che cosa ci potrebbe essere di meno ammirevolmente 'pratico' del risultato – se si tratta della sopravvivenza di milioni di persone che sarebbero altrimenti morte, che porta a carenza di generi alimentari, miseria e malattia? E ancora, la disinfestazione, la selezione dei diserbanti, i fertilizzanti inorganici e in generale le coltivazioni su basi scientifiche, benché notevolmente 'pratici', non sono chiaramente pure benedizioni nemmeno ora, e i loro effetti a lungo termine sono incalcolabili. E si potrebbe raccontare più o meno la stessa storia dei principali sviluppi tecnologici. Più veloce è il progresso della SCIENZA-3, più numerose e taglienti sono le spade di Damocle che essa tiene sospese sulla testa dell'uomo. Questo potrebbe aiutarlo a stare attento e con i piedi per terra, ma è un modo scarsamente 'pratico' di farlo.

Fortunatamente, la 1a Persona non ha testa dove quelle spade possano scendere. E fortunatamente la Scienza della 1a Persona è disarmata e praticamente sicura; non ferisce mai nessuno; non ha sfortunati effetti collaterali. Fa solo del bene, e quel bene è immenso. In una parola, essa è realmente pratica - e pratica non meramente in ciò che rende il mondo un posto migliore per il vedente ma per tutti coloro che ci vivono. Benché non sia legata a nessuna di queste intenzioni, è compito della SCIENZA-1 salvare il mondo dalle conseguenze della SCIENZA-3. Gli attuali mal di testa – guerre, conflitti raziali, avidità economiche, divari generazionali, crimini e violenze, malattie mentali, dipendenza da droghe, insieme a tutti gli altri sintomi riguardanti l'ansia di base del genere umano – provengono dal pensare che abbiamo una testa che fa male, che siamo quello che non siamo, una cosa o 3a persona. E tutti coloro che vengono curati da questa insana allucinazione, automaticamente aiutano altri a curarsi, e questo fa molto di più per un miglioramento del mondo di quanto il mondo potrebbe iniziare a sospettare. Questo è essere realmente pratici.

Per quanto riguarda la praticità più vicina a casa, noto che quando arrivo a me stesso e riconosco Chi sono, lavoro e gioco molto meglio, con più energia e gusto e divertimento, più creativamente: quello che faccio tendo a farlo bene, con amore, efficientemente. Che cosa potrebbe essere più con i piedi per terra di questo? Cosa potrebbe essere meno con i piedi per terra del pretendere di essere quello che non sono – come se io potessi brandire una sega in modo sicuro e utile mentre suppongo che sia un martello! Veramente il mio comportamento non è mai così irresponsabile e campato in aria come quando ignoro il Vuoto che io sono proprio qui – questo Produttore Primario che potrebbe difficilmente essere accusato di mancanza di praticità, vedendo che produce e consegna a partire dalla sua stessa Vacuità questo praticabile universo (più, per sicurezza, la sua deliziosa consapevolezza nel farlo): l'intero congegno messo insieme sulla base del rigido principio fai-da-te, ma senza nessuna materia prima o attrezzatura o libretto di istruzioni, o qualunque aiuto dall'esterno! Per usare un eufemismo, la 1a Persona – e la Scienza della 1a Persona – sono simili a un commercio. Essi consegnano le merci. [1]

La fondamentale mancanza di praticità e insensatezza, alla quale siamo così inclini, è in effetti duplice. L'attribuzione dello stato di 3a persona a questa 1a Persona in quanto tale e dello stato di 1a Persona a questa 3a persona in quanto tale - bloccando me stesso e attribuendo loro una separata coscienza fantasma – corrisponde ai due lati di una stessa moneta. E' una moneta contraffatta che il Sindaco di Glastonbury [2] (di tutti i personaggi inventati il più realistico) riconosce essere senza valore. "Egli era ossessionato da un assorbimento di interesse simile a uno stato di trance dovuto all'aspetto del nostro mondo esattamente così come appariva…

Secondo il Sindaco di Glastonbury i pensieri delle persone non esistono; e se c'è un livello di possibilità più inesistente dell'inesistenza stessa, tale livello è riempito (per lui) dagli istinti, le sensazioni, le aspirazioni, le intuizioni delle persone... Nelle sue trattative con i suoi cittadini durante il consiglio municipale il Sindaco difendeva molto bene i suoi interessi. Lo faceva grazie all'enorme vantaggio che possedeva sulle persone che credevano nella realtà dei loro pensieri e sensazioni. Alle volte, quando un ladro o un bugiardo entravano in conflitto con lui, il trasgressore rimaneva disorientato dall'intuito del Sindaco." A tutto questo aggiungete il fatto che egli era (secondo il suo autore) un uomo felice e un buon cittadino, e dovete essere anche d'accordo che era anche eminentemente pratico.[3]

1. ANGELUS SILESIUS:
Dio è una cosa meravigliosa:
egli desidera ciò che egli è
senza fine o causa.

2. La mia citazione è tratta da A Glastonbury Romance, di John Cowper Powys, pagg. 212 seguenti., New York, 1932.

3. BAYAZID OF BISTUN: *Ho guardato e ho visto che tutte le cose create erano morte. Ho pronunciato quattro akbar su di loro e sono rientrato dal funerale di tutte e quattro, e senza l'intrusione delle creature, solo con l'aiuto esclusivo di Dio, ho raggiunto Dio.*

35: LA SCIENZA-1 SI APPLICA SPONTANEAMENTE

La SCIENZA-3 va in profondità nelle cose che costituiscono il mondo, forzandole a cedere i loro segreti nascosti che sono allora, dopo lunghe prove ed errori, e alle volte rigide lotte morali, messi a disposizione per ogni tipo di uso e abuso.

La SCIENZA-1 va ancor più in profondità, fino al vero Cuore delle cose, e ne scopre il Segreto centrale stesso, che è il solo ad essere totalmente pratico e incapace di abusi o applicazioni errate, ed ha anche un effetto immediato. Perché qui non c'è nessun intervallo di tempo, nessuna agitata o incerta verifica o sperimentazione, nessuna ansiosa delibera o crisi di coscienza, nessun etico dubbio o discrepanza, che intervengano tra la scienza pura e la scienza applicata: l'applicazione è istantanea e appropriata. Io trovo che, quando vedo chiaramente Chi sta vedendo, è necessario – è fatale per quel vedere – preoccuparsi di quello che si deve dire o fare, pensare o sentire: la corretta espressione dello Stato di 1a Persona accade come una conseguenza naturale, spontaneamente, in base alle circostanze. Il risultato è imprevedibile. Se si dimostra essere bizzarro, scioccante, o persino perverso secondo la locale 3a persona standard, non si può fare nulla. A lungo termine si rivelerà essere ciò di cui c'era bisogno. Io so come aspettare e smetterla di avere esitazioni. Le cose giuste si manifestano quando sono realmente richieste. Quindi non risolvo in anticipo mancando di amore, dimostrandomi cattivo e gretto e irritabile, se mi vanto, se mangio troppo, se rubo, se lusingo, se disprezzo, se mi preoccupo, se sono di cattivo umore (la lista è infinita), benché possa anche accadere di scoprire che tale comportamento non accade quando sono attento alla Sorgente di tutto quel comportamento. Se mi si osserva mentre vivo secondo un qualche principio, questa è una visione accidentale e esterna, perché l'Uno qui è privo di principi – e di qualsiasi altra cosa. Né questo sostituisce la Legge dell'Amore per i Dieci Comandamenti. Il Vuoto qui, che è la Sorgente non solo dell'amore ma anche del suo opposto, non conosce nessuna legge. La 1a Persona è amorale, a-tutto. Inevitabilmente, siccome *prescrivere regole* a me stesso significa perorare la mia causa, coltivare una faccia o auto-immagine, rinchiudere me stesso in una scatola, diventare una memoria, una 3a persona, una cosa separata che è naturalmente egoista. E, altrimenti, *essere Me Stesso* è essere questa 1a Persona singolare che, poiché consapevolmente identica a tutte le altre 1e Persone (non che ce ne siano), è naturalmente 'non egoista' e il suo 'benessere' non deve niente alle regole ed è veramente creativo. Le regole appartengono al mondo delle separate 3e persone – dove, tuttavia, esse fanno poco per chiudere l'intervallo che separa le buone intenzioni e le idee dell'uomo da un lato e il suo comportamento dall'altro. La tragica discrepanza tra l'ideale e il reale, tra il conoscere e il fare, tra le scoperte della SCIENZA-3 e il loro uso, è risolta solo dalla SCIENZA-1 scoprendo la Sorgente sia del sapere che del fare. [1]

Come posso aiutare gli altri rispetto a questa scoperta? Arrendendomi a qualsiasi simile idea e portando l'attenzione al Posto dove non c'è nessun altro. Finché Questo viene visto chiaramente, non importa quanto inetta e confusa la mia espressione di esso possa sembrare, si arriverà al punto comunque. L'unico modo per poter aiutare profondamente è pensare il più profondamente ai fatti miei, ora: a vedere – e vedere quello che succede.

1. D. T. SUZUKI: *Con la rimozione dell'illusione dell'Io…questo agirà con maggiore libertà, senza alcuna paura, come il Re del Dharma stesso, in realtà come l'Uno.*

ST. PAUL: *Dove c'è lo spirito del Signore, c'è libertà.*

36: LA SCEINZA-1 E' PSICOTERIAPIA DI BASE

Oggigiorno una delle branche più prolifiche della SCIENZA-3 è la psicologia, la scienza della mente e in particolare la psichiatria e la psicoterapia, il trattamento delle malattie mentali. Tutto a questo proposito fiorisce – la varietà di scuole, teorie e tecniche, le polemiche tra le varie scuole, le scoperte, il gergo, la letteratura, l'interesse popolare, il numero di praticanti, il numero di pazienti – ogni cosa prospera: forse persino i risultati terapeutici, che tuttavia sono sempre più in ritardo rispetto alle necessità cliniche. Questo dipartimento della SCIENZA-3 (alcuni non direbbero scienza ma arte, o non tanto un'arte quanto un'industria pesante superiore) è forse troppo creativo, così che più produce e più ce n'è bisogno? E' come se l'appetito della psiche crescesse alimentandolo, e che, come un bambino cattivo, facesse di tutto per essere notata: così ne conseguono nuovi problemi all'infinito – urgenti, raccapriccianti plausibili – semplicemente per mettere in allarme i profani e tenere occupati gli psichiatri. .

La SCIENZA-1 ha una scorciatoia per questo bambino problematico: si rifiuta di giocare questo gioco. E giustamente, dato che è la scienza del Soggetto immutabile e non di quel pseudo oggetto proteiforme e camaleontico chiamato psiche. E' la scienza dello Sperimentatore e non delle esperienze. In termini vecchio stile, è la scienza dello Spirito per distinguerla da quella della mente e del corpo. La 1a Persona, come tale, non ha né una psiche né una psicologia, ma è semplice Consapevolezza senza nessuna ombra per potersi definire.

Qui, io lascio andare ogni cosa. Tutto ciò a cui cerco di aggrapparmi viene scaricato sul mondo. E ora che mi trovo qui al Centro svuotato da tutte le qualità e le funzioni e il mondo là riempito da tutto questo, la smetto di etichettare una parte di questo come 'mentale' o 'soggettiva' o 'secondaria' e *mia* e il resto 'fisico' o 'oggettivo' o 'primario' e *non mio*. Trovo che ogni esperienza abbia un riferimento esterno, centrifuga, di modo che, se ho una mente, essa non è nient'altro che il mio universo. Tutte queste cose nascoste definiscono gli oggetti e aderiscono ad essi, lasciando che il Soggetto non venga per niente colpito da questo, intrinsecamente privo di mente, libero, distaccato, freddo.

Pertanto dissipare la mente significa curarla. Questo perché la SCIENZA-1 è talmente non-psicologica (o meta-psicologica) da essere psicologicamente così efficace. Essa cura la mia mente guarendomi dalla mente. [1] Questo perché, fondamentalmente, il problema con la mia mente è la convinzione di averne una; e restituirla al magazzino (all'immenso Universo o, in termini Zen, al 'Grande Spazio') è sufficiente per rimetterla a posto. Eliminare i miei problemi psicologici significa rimuovere la mia psicologia – questo garbuglio immaginario di pensieri e sensazioni, tutti strappati da quello che sono e raccoglierli insieme qui chiudendoli in una piccola scatola di ossa - la più grande colonia di pipistrelli nel più piccolo dei campanili. Quando vedo Quello che realmente sono , come 1a Persona, mi sono liberato della testa e della mente e del corpo e della mente a tutti i livelli, e di conseguenza dei loro relativi problemi. Mentre, quando non vedo questo, sono pieno di problemi, tutti riducibili a questa morbida escrescenza chiamata cervello/testa/ mente, a questa fioritura maligna presente proprio qui nel punto mediano del mio universo. Dire che questo cancro si è messo sul mio cammino e blocca la mia luce è un eufemismo. Mi fa impazzire, e non di meno per il fatto che è puramente immaginario. Questo non è tanto avere problemi mentali quanto creare gratuitamente problemi a me stesso nel Punto che necessità di essere libero dai problemi – ed è chiaramente privo di problemi, ogni qualvolta ci porto l'attenzione. L'Illuminazione, che è il far brillare la luce in modo costante su questo Punto di ostruzione, non è qualcosa che posso gestire fuori.

Fondamentalmente, la mia cura è essere liberato da questa cosa psicologica.

Ma – per di più – questa cosa migliora notevolmente quando la si lascia andare. Quando 'sono innamorato di lei' diventa 'Lei è meravigliosa' lo sguazzare nel sentimentalismo diventa vero amore. Quando 'Lo odio' diventa 'Egli è orribile' dopo tutto non è così orribile ma piuttosto svantaggiato. Quando 'Ho paura' diventa 'Lui è agguerrito' la paura inibitoria diventa necessaria prudenza. Quando 'Ho fiducia' diventa 'Dio esiste', io cresco veramente religioso. Quando 'Sto vivendo un bel momento' diventa 'Che bella scena!', la scena cambia in meglio. Quando 'La mia faccia è insignificante' diventa 'Quella faccia nello specchio è insignificante e l'insignificante Jane diventa meno insiggnificante. Quando 'Mi piace questo quadro' diventa 'Wow! La galleria d'arte vale la pena di essere visitata. Quando 'Sto studiando storia' diventa 'Che cosa è accaduto?', è più probabile che io ricordi che cosa è accaduto. E così via. Denudando

111

l'universo delle sue qualità, io rovino l'universo; ristabilendole, riparo il danno. La mia piccola mente esplode in ciò che è sempre stato – il mondo incontaminato e non diviso. Quando sono consapevolmente libero – non più una cosa tra le cose, una consapevolezza tra le consapevolezze – sono Libero e il mondo, nonostante tutte le cose, va bene perché esso è tutto in me. [2] Non ci sono fati, fattori o forze fuori dalla 1a Persona che sono io, che agiscano contro di me. Anche le cose "più brutte" che mi succedono come 3a persona sono in realtà mie profonde intenzioni come 1a Persona. Per cui io dico di SI'! alla vita e questa è la vera terapia.

Un antico mito (adattato) fa emergere la differenza esistente tra il metodo psicologico della SCIENZA-3 e il metodo meta— psicologico della SCIENZA-1. Sul fondo di un lago vive un dragone che custodisce da Perla dell'Illuminazione. Lo SCIENZIATO-3 si tuffa e va dritto con la testa pelata al dragone il quale sembra sempre che stia per arrendersi ma non lo fa mai, e in nessun modo rinuncia al suo prezioso gioiello.

Lo SCIENZIATO-1, nel frattempo, costeggia tranquillamente il dragone e ruba la Perla che poi scopre avere un fascino che addomesticava il dragone. Malgrado ciò, una volta impossessatosi di questo infinito Tesoro – vedendo che quel Tesoro era lui stesso - non ignora il dragone. Esattamente il contrario, alla fine può far fronte al rotolarsi continuo del dragone senza più paure, oggettivamente, non più identificato con nessuna di esse. In realtà il dragone non è più un dragone, ma non si è neanche trasformato in una gattina durante la notte. In realtà la sua prima reazione nel perdere la sua Perla può essere una grande manifestazione di rabbia. Ma tutto questo è piuma e schiuma. La Realtà del dragone, la sua Sorgente, l'unico ultimo Potere è la Perla stessa, cioè la 1a Persona singolare, tempo presente. Con parole semplici, tutti i miei problemi psicologici si riducono alla mia Identità. Essi si sistemano solo dando attenzione all'Uno qui presente, a questa 1a Persona che si suppone li abbia. Qui avviene l'unica profonda analisi, la sola terapia che penetra fino alla Radice del problema, la sola cura duratura del mio disturbo. Benché i risultati possano essere lenti a manifestarsi (e poi siano più manifesti negli altri che in me), questo sistema è economico, completo, infallibile, ben sperimentato nel corso di migliaia di anni, immediatamente disponibile e (benché in un certo senso ci costi la Terra) praticamente *gratuito*. La libertà è gratuita.

1. *Il controllo della mente,* dice RAMANA MAHARSHI, *sta nello scoprire che la mente non esiste.* L'insegnamento essenziale dello Zen è la 'Dottrina della Non-Mente' e il modo sbrigativo di pacificare la mia mente è chiedermi di produrla o di inchiodarla o localizzarla. Così afferma HUI-CHUNG: *La buddità si raggiunge quando non c'è nessuna mente da usare a questo fine.* E HUANG-PO: *Semplicemente non avete nessuna mente di nessun tipo: questo è un sapere immacolato.* Tra gli psicologi stessi ci sono naturalmente quelli che riducono la mente al comportamento e il Dott. Maudsley scrisse: *Potrebbe essere istruttivo, e non poco spaventevole, chiedersi quanto significato rimane, nei termini descrittivi della psicologia, quando tutto il significato fisico viene loro tolto.*

2. ABRAHAM H. MASLOW: *Man mano che diventa sempre più semplicemente e solamente se stesso...l'astronomo è là fuori con le stelle, piuttosto che qualcosa di separato che sta spiando attraverso un abisso un altro qualcosa di separato attraverso il foro di un telescopio..*

HERACLEITUS: *Le nostre anime vivono nel mondo circostante.*

CHUANG-TZU: *Quando Pu-liang Yi mise il mondo e tutte le cose e tutta la vita fuori da se stesso, raggiunse la luce dell'aurora e poté vedere la sua unicità..*

37: LA SCIENZA-1 DIAGNOSICA E TRATTA GLI SPECIFICI DISTURBI DELL'UOMO

La SCIENZA-3 etichetta come 'normali' (maturi, adulti, sani) coloro che perdono la loro 1a Persona e come 'anormali' (ritardati, infantili, forse malati) coloro che la mantengono. La SCIENZA-1 definisce 'normale' o 'sano' chiunque sia consapevolmente sia la 1a Persona che la 3a, senza confonderle.

Finché non riacquisto i miei sensi, cercherò di essere faccia-a-faccia con ognuno, incontrando e raggiungendo la simmetria a tutti i costi. Questa determinazione a mescolare ciò che non si può mescolare, a fare un incesto tra lo spirito qui (da questo lato del tunnel) e la materia, e tra la materia laggiù (da quel lato) e lo spirito, a trasformare questa 1a Persona nella 3a persona e quella 3a persona nella 1a, a coprire questa consapevolezza con una superficie e a insidiare quella superficie con una consapevolezza - è l'ancestrale psicosi universale dell'essere umano.[1] La condizione umana 'normale' è patologica. C'è uno squilibrio più profondo, più insidioso e di vasta portata, più infettivo, più endemico di qualsiasi altro tipo di pazzia.

La differenza tra la mia convinzione di essere una cosa piuttosto che un'altra (diciamo Napoleone o una tazza da tè invece di Douglas Harding) è trascurabile rispetto alla differenza tra la mia convinzione di essere qualsiasi tipo di cosa e il mio vedere che non sono Nessuna-cosa. Non si tratta del fatto che la 1a Persona e la 3a persona sono diverse, ma che non possono essere comparate. Esse non condividono nessuna terra comune. Qualsiasi cosa sia vera di una di esse è falsa per l'altra. Ecco perché confonderle è così dannoso.[2]

Si possono distinguere quattro stadi di eziologia e trattamento di questo disturbo:

1 Simile a qualsiasi animale, il neonato è – di per se stesso – una Non-cosa, senza faccia ed espanso, non separato dal suo mondo, 1a Persona senza saperlo.

2 Il bambino piccolo, diventando brevemente e in modo intermittente consapevole di se-stesso-come-è-se-stesso, potrebbe chiedere a sua madre perché lei ha una testa e lui no, o potrebbe protestare che lui non è un bambino (non è per niente simile a quel bambino laggiù nello specchio!), o potrebbe annunciare che egli non è nulla, assente, invisibile. Inoltre sta anche diventando sempre più consapevole di se-stesso-come-è-per-gli-altri un vero essere umano e specialmente 3a persona completa di testa e faccia. Entrambe le visioni di se stesso sono valide e indispensabili.

3 Ma man mano che il bambino cresce, la sua acquisita visione di se stesso-da-fuori arriva ad oscurare, e alla fine ad obliterare, la sua visione nativa di se-stesso-da-dentro. In effetti, egli si *riduce*. Prima conteneva il suo mondo; ora è esso a contenerlo – che piccola cosa è rimasta di lui. Egli prende il mondo di tutti per quello che appare laddove lui è, eccetto se stesso, e non è più la 1a Persona. Le conseguenze sono sempre più infelici. Ridotto dall'essere il Tutto all'essere questa parte spregevole, cresce nell'ingordigia, nell'odio, nella paura, chiuso in se stesso e stanco. Ingordo, mentre cerca di riguadagnare a qualsiasi costo un poco del suo impero perduto; pieno di odio, mentre cerca una rivincita da una società che l'ha crudelmente ridimensionato; spaventato, mentre vede se stesso come

una semplice cosa messa a confronto con tutte le altre cose; chiuso in se stesso, perché è la natura di una cosa di tenere fuori gli altri; stanco, perché così tanta energia va dentro per mantenere gli aspetti di questa cosa invece di lasciarli andare nel posto al quale appartengono. E tutti questi problemi nascono dal suo problema di fondo, l'illusione della sua identità, mentre egli immagina (contrariamente ad ogni evidenza) di essere a una distanza di zero piedi ciò che appare a una distanza di 6 piedi – una cosa solida, opaca, colorata, una massa delineata. In breve, egli va oltre se stesso, eccentrico, auto-alienato: per cui va tutto male.

4. Tu, caro Lettore, hai veramente visto, grazie al mio tunnel e al tuo specchio del bagno, che cosa significa essere la 1a Persona singolare - il Nulla che è comunque acutamente consapevole di se stesso come Contenitore o Terra per qualsiasi cosa sia attualmente in mostra. Questo poco fa. Io ti devo chiedere, ora che siamo arrivati alla fine di questo libro, di ripetere quell'esperimento cruciale, guardando che cosa vedi nel tunnel invece di quello che ti hanno detto di vedere. Questo vedere è credere. Nell'insieme non mistica, (in senso popolare), è un'esperienza precisa, totale di tutto-o-niente che non ammette nessun livello. Il rilievo è istantaneo e completo – finché dura. Ma ora inizia la vera parte del lavoro: devi continuare a vedere la tua Assenza/presenza ogniqualvolta e ovunque tu possa farlo, finché il vedere non diventa veramente naturale (ripeto *naturale)* e continuo. Questo non è né perdere te stesso nella tua Vacuità né in ciò che la riempie, ma vedere *simultaneamente* la cosa che stai vedendo e il Nulla dal quale stai guardando fuori. Non ci saranno volte in

cui questa attenzione nelle due direzioni sia fuori posto o che possa essere eliminata. Il prezzo della salute mentale è la vigilanza.

Il vedere iniziale è pura semplicità: una volta notato, il Nulla è ovvio! Ma è operativo solo finché viene messo in pratica. I risultati – inclusa la libertà dall'ingordigia, dall'odio, dalla paura, dall'illusione – sono assicurati solo mentre l'Assenza qui, che è la Libertà stessa, viene raggiunta.

Dal momento che questo è effettivamente accaduto, si potrebbe supporre che le 'psicosi' delle Specie abbiano compiuto un passo necessario per il processo evolutivo indiretto, un indietreggiare per poter fare il grande salto in avanti. Senza dubbio questo sbalorditivo lasso di tempo deve accadere, l'intervallo tra la salute mentale inconscia dell'animale e del neonato (quale creatura vivente oltre all'uomo ha mia visto se stessa come una cosa?) e la salute mentale consapevole del Vedente. L'illusione, dopo tutto, gioca la sua parte. Come potrebbe L'Assenza di ogni cosa qui essere vividamente vista se la presenza di qualcosa non fosse mai stata vagamente immaginata?

Comunque, questa salute consapevole, o Illuminazione, è venuta fuori qui e là nella razza umana negli ultimi 4000 anni e alla fine è diventata meno rara. [3] Essa potrebbe esplodere, nonostante le immense resistenze della società. Questa è una fortuna, poiché la sopravvivenza della razza – per non parlare della cura – potrebbe anche dipendere dal fatto che la consapevolezza dello stato di 1a Persona diventi, benché lontana da quella universale, almeno la normalità riconosciuta, in base alla quale viene misurata la salute mentale. Il futuro non si basa su nessun *cambiamento* dell'uomo, ma sulla sua ricollocazione: sulla sempre rinnovata scoperta che come 3a persona egli appartiene al lato più distante del tunnel e come 1a Persona al lato più vicino.

E quel contrasto tra loro è totale. [4]

1. DICKENS: Il Signor Dorrit usa la formidabile Signora General per aiutare l'innocente Signorina Dorrit *a coltivare una superficie*.

2. ECKHART: *L'uomo interiore e quello esteriore sono diversi come la terra e il cielo*.

TE-SHAN HSUAN-CHIOU: *Solamente quando scoprirete che non ci sono cose nella vostra mente e non troverete la Mente in nessuna cosa, sarete vuoti e spirituali, senza forma e meravigliosi*.

3. Questo non significa che vediamo noi stessi, ora consapevolmente 1a Persona, come uno dei pochi ospiti sani del manicomio umano – nello staff a trattare i pazienti! Lo stato di credersi una cosa è un disturbo della 1a Persona singolare, non delle 3e persone. Un altro appellativo per lo SCIENZIATO-1 è Bodhisattva che (dice *Il Sutra del Diamante)* si dedica all'Illuminazione di tutti egli esseri senzienti – ma se pensa che ci sia una consapevolezza separata per essere illuminati, non è un Bodhisattva!!

4. EMERSON: *Percorrete il cammino partendo dall'uomo, ma non verso l'uomo*.

EPILOGO

Nel modo in cui stanno le cose, ci devono essere due tipi di scienza – per prenderci cura dei due tipi di 'cose' che ci sono. Questi due tipi sono denominati in modo vario come Se Stessi e gli altri, Senza Faccia e con la faccia, Soggetto e oggetto, Osservatore e osservato, 1a Persona e 3a; sono posizionati a un angolo di 180° uno rispetto all'altro e non ci sono similarità tra loro. Ecco perché la SCIENZA-1, come abbiamo visto, non ha niente a che vedere con la SCIENZA-3. Comunque, e proprio perché sono ai poli opposti, che la SCIENZA-1 non ha nessuna disputa con la sua controparte ma è (al contrario) la sua necessaria controparte e completamento, risolvendo le sue innate contraddizioni e fornendo una soluzione multifunzionale a tutti i problemi pratici e teorici che essa pone. La prova di questa affermazione, per motivi di tempo, è stata presentata in qualche modo dogmaticamente nel Capitolo 37, ma in effetti è fatta per essere sperimentata momento per momento e mai presa per buona sulla fiducia. Per l'esattezza, non si può in ogni caso prendere in fiducia: solamente quando cessiamo di fare di noi stessi una 3a persona o una cosa, solamente quando non giochiamo più al Gioco della Faccia, la scienza della 1a Persona assumerà significato. E poi non sarà più necessaria nessuna prova. Finché continuiamo a vedere com'è qui, siamo l'unica e finale autorità riguardo a Questo e persino questo saggio avrebbe oltrepassato il segno – di circa dodici pollici. Non si può fare nient'altro che indicare Quello che, in questo preciso istante, sta proprio di fronte a queste parole e le sta leggendo.